脳をスイッチ!

時間を思い通りにコントロールする技術

菅原洋平
Sugawara Yohei

CCCメディアハウス

はじめに

ビジネスパーソンにとって、時間管理は必須能力

私たち日本人にとって、時間通りに行動することは、単に効率よく仕事をこなす術だけではなく、仕事へのやる気や相手を大切に思っていることの意思表示でもあります。

そんな文化背景にいる私たちは、時間が守れないと、「やる気がない」「緊張感が足りない」「相手を軽く見ている」と思われてしまい、仕事でもプライベートでも大きな損害を被ります。

かといって、やる気を出したり相手を大切に思えば、時間通りに行動できるかというとそうではありません。

時間通りに行動するには、「技術」が必要です。

その技術とは、自分が時間通りに行動するのではなく、脳が時間通りに行動できるように仕向けることです。

時間管理の問題は、とかく心理的な問題として扱われがちです。しかし、時間という実体のないものをつくり出し、それを管理しているのは、私たちの脳です。その証拠に脳の一部が損傷されると、時間を守れなくなることもあれば、時間通りにしか行動できなくなることもあるのです。

本書では、時間管理を脳の問題としてとらえ直します。そして、その脳の働きをスイッチのようにパチンと切り替える技術を使って、思い通りに行動できる自分をつくっていきましょう。

私は、作業療法士というリハビリテーションの専門職をしています。もともとは、脳の一部が損傷したことで日常生活に支障をきたしてしまう高次脳機能障がいのリハビリテーションに従事していました。損傷を負った脳を回復させる技術は、元気な人の脳を、もうちょっとうまく働けるようにすることに応用できます。

現在は、都内のクリニックで外来を担当しつつ、健康経営や働き方改革などについての依頼で、多くの企業に出向き、脳の仕組みをうまく使うことで、より快適に仕事ができるように社員の方々の行動を変える研修を行っています。脳の治療から得られた知見を元気な人たちに応用することで、病気やメンタルの不調、産業事故を防ぐことが私の役割です。

そんな立場で企業に出向くと、様々な問題が投げかけられます。
その中の1つが「時間管理」です。

「私はいつも締切ギリギリにならないと作業を始められない性格なんです。時間が余っていると、なかなか仕事に取り掛かれなくて……」
「打ち合わせに遅れそうになって、いつもダッシュすることになってしまいます。まだ時間があるな、と思っているといつの間にか時間が経っていて。実は、実際に遅れてしまったことも何度かあります。もっと緊張感を持たないと、と思っています」
「相手先が会ってくれる時間が限られているので、その時間に合わせることに集中しているのですが、その打ち合わせが終わると、全部が終わった感じになって、他の仕事が全然進まないんです。他の人はどうやってこのプレッシャーを跳ねのけているのか不思議です」

このような相談が、寄せられます。

これらの相談を解決するには、ある共通する手順があります。

それは、心理的な問題を生理的な問題に置き換える、ということです。

時間管理ができないのは「性格」のせいではない

「いつも締切ギリギリにならないと作業を始められない」という脳があるわけではありません。それを性格だと決めつけてしまうと解決策を見いだせなくなってしまいます。一方でこれを脳の使い方の問題としてとらえると、作業が始められないのは脳がその作業に取り掛かるための動作を予測できていないだけだ、ということがわかります。

そこで、脳が次の動作を予測できるように、少しだけ「次にやるべきこと」を見せてあげます。打ち合わせで作業内容が決まったらデスクに戻り、出だしだけ資料を作って打ち合わせを終える。こうするだけでも、脳は資料作成に必要な動作を予測して準備することができるので、締切に迫られなくてもすんなりと資料の作成に取り掛かれます。

このように、「打ち合わせの最後に少しだけ資料を作り始める」といった簡単な動作で脳をスイッチさせ、自分の時間を思い通りにコントロールしていきます。

私たちは、自分の脳がしっかり働けているかどうかはわかりません。それに対して、「やる気が起こらない」とか「面倒くさい」という感情は自覚することができます。そのせいで、自覚できる感情だけに注目しがちなのですが、これでは問題は解決しません。沸き起こる感情から離れて、一旦、脳という内臓の働きに立ち返ってみて、脳の仕組みに合ったやり方に変えてみる。こうすると、行動はあっさり変わります。というのも、「面倒くさい」という感情も結局脳がつくったものだからです。

本書は、私たちが持っている脳が、どのように時間を管理しているのか、どうすれば時間を守り、思い通り、かつ有効に使うことができるのかという視点に立ちます。そして、私が実際にクリニックや企業の現場で、時間管理に悩む人たちの行動を変えてきた方法をご紹介します。

私たちの脳の中では、時計で刻まれる時間とは異なる時間が流れています。この脳内で流れている時間を、本書では「脳内時間」と呼びます。そして、この脳内時間と時計時間とのズレが、社会生活における「時間」の問題になります。

例えば、脳内時間が遅くなっている人は、出がけに身だしなみを整えていたらあっという間に出かけなければならない時間になっていて遅刻してしまいます。しかし、待ち合わせの相手が脳内時間と時計時間のギャップが少なければ、出がけに同じ準備をしていても、時間に余裕を持って待ち合わせ場所に到着しています。待ち合わせのように、相手と時間を合わせなければならない場合は、自分と相手との脳内時間のズレが主たる問題になるのです。

脳内時間は、実は無意識に伸縮されるのですが、これを意図的に取り扱うことで、自分自身や他人との間に生じる時間の問題を解決する。これが、本書の狙いです。

きっと、あなたにもすぐに試せる方法が見つかると思います。試しに行動してみると、「私はいつも時間を守れない」という目に見えない呪縛から解放されていることに気づくはずです。

目次

第1章 遅刻、締切、約束のタイムオーバーを防ぐ！

第2章 生活習慣を操り、時間管理能力を向上させる！

第3章 一定の時間で成果を出す時間管理術！

第4章 時間感覚のズレによるストレスをなくす!

第0章

時間を操る
自分をセットする
ウォーミングアップ

言葉を変えれば脳が変わる

もしあなたに、今まで締切や待ち合わせの時間が守れなかった、という体験があったならば、それはあなたの性格や意志の力によるものではありません。そのとき、あなたの脳は、どの行動が「正解」なのかがわからなくなっていたはずです。

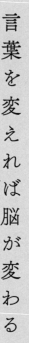

時間を守るために本書が目指すのは、自分自身が頑張るのではなく、行動で脳の働きをスイッチすることです。

これは、「メタ認知」という力です。メタとは、「高い次元の」という意味で、一歩離れて高い次元から自分のことを認知する能力です。つまり、自分のことを第三者的な立場で管理する能力を指します。メタ認知が習得されていると、たとえ遅刻したとしても、「このタイミングでこの行動をするとこういう結果になるのか」「次はこれをやめれば間に合いそうだ」という感じで、すべての行動を客観的に分析して、最適な行動を選択していくことができます。

このメタ認知を習得するために、自分から「脳」という内臓を切り離してとらえてみましょう。

●「いつも」という言葉を使わない

まず、言葉で脳に「正解」を伝えましょう。時間が守れない人が使う共通のセリフがあります。それは、「私はいつも時間が守れません」というセリフです。これまでの人生で、一度も時間を守ったことがない、というはずはないのですが、この「いつも」という言葉を使った時点で、脳は、これまで時間を守ることができた状況に隠された「時間を守るためのヒント」が探せなくなってしまいます。「いつも」という言葉で脳を「不正解」に導いているのです。

私たちが普段何気なく使っている言葉は、脳にとって大きな影響を及ぼします。脳は、自分が使った言葉を「検索ワード」として、過去の動作の記憶を検索しています。ですから、時間を守るには、過去に時間が守れたときに、どのような行動をしたかという記憶を引っ張り出してきて、それを体に命令する必要があります。

過去に時間を守れたときを思い返してみてください。

例えば、受験当日に試験会場に時間通りに行けたとして、それに至るまでに、あなたは一体どんな行動をとったでしょうか。前日に試験会場に行って下見をしたかもしれません。前日の夜に当日持っていくものを準備して枕元に置いていたかもしれません。または、宿から会場までの道のりを、頭の中でシミュレーションしていたかもしれません。

その行動を要素別に分解すると、あなたが時間通りに行動できる素材がちりばめられています。この素材をもとに、当時と同じ要素を満たし、今の忙しい生活でも実行できる方法をつくれば、あなたの行動は確実に変わります。できないはずはありません。なぜなら、あなたはその行動を過去にやったことがあるからです。


脳は、言語を使って過去の記憶を検索し、その記憶をもとに未来の行動を予測して、行動を組み立てます。そして、実際に行動したときは、予測と現実とのギャップを認知し、そのギャップを埋めて行動し、それをまた記憶します。

このプロセスを繰り返すことで、私たちの行動は、日々最適な行動につくり変えられているのです。

「いつも」という言葉は、このプロセスをすべて「なかったこと」にしてしまいます。過去の成功例を「なかったこと」にされれば、時間を守れなかった記憶だけが残ってしまいます。それを検索して命令すれば、当然、また遅刻してしまいます。

もし今後、「いつも時間が守れない」という言葉が口から出そうになったら、「はっ」と気づいて、「遅刻したことがあった」と言ってみましょう。そのとき、あなたの脳では、遅刻したときの行動を検索し、同時に遅刻しなかったことの存在も認識します。これだけで、行動を変えるチャンスが生まれます。

●「遅刻しない」という目標はほとんど意味がない

時間を守れない人は、新年の抱負や今年度の目標として「遅刻しない」と言うことがあります。また、遅刻して怒られたときに、「これからは絶対に遅刻しないぞ！」と決意することもあるかもしれません。ですが、これもまた、脳が行動を変えられなくなる言葉です。

思い返してみてください。これまでに立てた新年の抱負は、果たして実行できたでしょうか。多くの新年の抱負は、実行されないまま、また次の年の抱負として繰り返されているはずです。

私たちが未来のことを予測するときに、脳がどのような働きをするかを調べた研究があります。それによると、未来のことを口にするとき、脳内では、記憶を司る海馬が活発に働いています。しかし、過去の出来事を口にしているときも海馬は活発になります。つまり、脳にとっては、未来を思考することと過去を思考することは同じなのです。

新年の抱負を立てる場面では、「今年は（去年はできなかったから）遅刻しない」と、頭の中で去年の行動を振り返っています。過去の遅刻した行動をそのまま振り返っても、遅刻しない行動を生み出すことはできません。ですが、未来の行動は、過去の行動の順番に着目することで変えることができます。ですから、目標を立てるときには、次のように行動の順番を言葉にしましょう。

「前日の夜に翌日着ていく洋服を決める」
「朝、整容に時間を割けるように、目覚めたら最初に整容をする」

未来の行動を変えるのに最も簡単な方法は、行動の順番を変えることです。朝やっていたことを前日の夜にやる。朝起きてから3つ目にやっていたことを最初にやる。

このように、過去の行動の順番を組み替えて、それをそのまま目標にすると、過去と同じように遅刻することを防げます。やり方は変えずに順番を変えているだけなので、たやすく実行できるはずです。これは誰にでも取り組みやすく有効な方法なので、54ページからさらに詳しくご説明していきます。

「遅刻しないために前もって準備をしよう！」と標語でやる気を出そうと考えるのではなく、メタ認知で第三者の視点から自分の行動の順番を見て、そのパーツを組み替える。他人事のように、機械的に行うことがコツです。

脳をスイッチ！

1：「いつも遅刻する」と言いそうになったら、「遅刻したことがあった」と言い換える。

2：目標を達成するには行動の順番を変え、言葉にする。

時間は「守るもの」ではなく「思い通りに使うもの」

●人間は時間の長さを変えられる進化を選んだ

冒頭でもお話ししたように、人によって感じる時間の長さにはそれぞれ差があり、また同じ個人でも、時と場合によって、感じる時間が長いこともあれば短いこともあります。生物にとって、時間の長さを正確に把握することは有利に働くように思われます。しかし、私たち人間が、時間の正確性よりも、柔軟に時間の長さを変えられる進化を選んだということは、脳内時間が事実とは異なる長さになることに、何らかの意味があるはずです。

このような考えに基づいて、脳内時間のズレは、時間把握に失敗しているのではなく、目的に見合ってゆがめられた結果だという知見が、最近の研究から得られています。それによると、私たちは報酬を得るための行動を選択する際に、その報酬が得られるまでにかかる時間の長さも踏まえて報酬の価値を計算していると考えられています。

脳は、行動選択の基準に時間の長さを使い、同時により良い選択のために時間の長さをゆがめているのです。

●楽しい時間は短く、退屈な時間は長い理由

例えば帰宅途中に家族にお土産を買おうと考えたとき、行列に並んででも「美味しい」と評判のスイーツを買うか、並ばずにすぐに買える店で買うかという行動選択には、「並ぶ時間」というコストが発生します。この「時間コスト」を加味して、私たちは行動を選択していますが、そこには単純に並ぶ時間があるかないかだけでなく、並ばなかったことで得られる報酬、というものも存在します。行列に並ぶ時間が長いことでスイーツという報酬の価値が下がり（「別に食べられなくてもいいや。どうせたいしたことないだろう」）、反対に、並ぶのをやめたことで得られた時間の方が、価値が高くなることがあります（「流行に振り回されて時間を無駄にせずに済んでよかった」）。このように報酬の価値は、それを手に入れるまでの時間の長さによって変動します。

最近、マーシャル・G・フサイン・シューラーによって、私たちが行動を決定する際

に、その行動で得られる報酬を最大化しようとする意思決定のアルゴリズムが提案されています。これは、私たち生物が行動を選択するときには、過去に体験した出来事を振り返り、その体験と比較して、行動の結果得られる報酬の価値が高いか低いかを判断し、それを行動選択に使っている、というものです。この計算に、脳内時間が関与しています。

スイーツ店に並ぶ時間が長くなればなるほど、そのスイーツを買うことで得られる報酬は引き算されていきます（「時間がもったいないな。買うのをやめようかな」）。ところが、ここで脳内時間がゆがめられて、人によって待ち時間の感じ方が変わります。

報酬の計算は、振り返って比較する過去の時間の長さの影響を受けます。行動の判断基準としてさかのぼる過去が長ければ長いほど、つまり遠い過去まで振り返るほど、同じ報酬に対して長時間待つ行動を選択するというのです。振り返る記憶が多いほど、待つことによる報酬の引き算がされなくなる。待ち時間が長くても、報酬の価値は高いまま保たれます。

脳が時間をゆがめるのは、自分にとって本当に価値のあるもの（こと）を、正しく判断するための戦略です。脳内の記憶に基づいて正確な判断を下そうとするときは、報酬を得るまでの時間の影響が、最小限に抑えられます。

これは、振り返る過去の記憶が豊富なほど、待つ時間を正確に感じている、とも言えます。客観的にスイーツ店で3時間待っていたとしても、振り返る記憶が少ない人は脳内時間の流れが速くなります。どんどん過ぎているように感じているのに時計を見ると「まだ5分しか経っていない。もう30分も待っているような感じがするのに」というギャップが起こり、実際より待ち時間を長く感じます。一方で、多くの記憶を有する人は、脳内時間がどんどん速くなったりはしないので、3時間の待ち時間を実際の3時間と同じように感じ、それほど長くは感じません。

これが、待ち時間の感じ方が人によって異なるメカニズムです。

このメカニズムを私たちの日常生活に応用するために、脳内時間を左右する「振り返る過去の時間の長さ」を、「情報量」に置き換えると、さらに単純化されて、理解しやすくなります。

次のページに、「情報量」と「報酬の価値」と「脳内時間」の関係を、図式化してみました。縦軸が、情報量と報酬の価値で、横軸が脳内時間を示しています。情報量が多くな

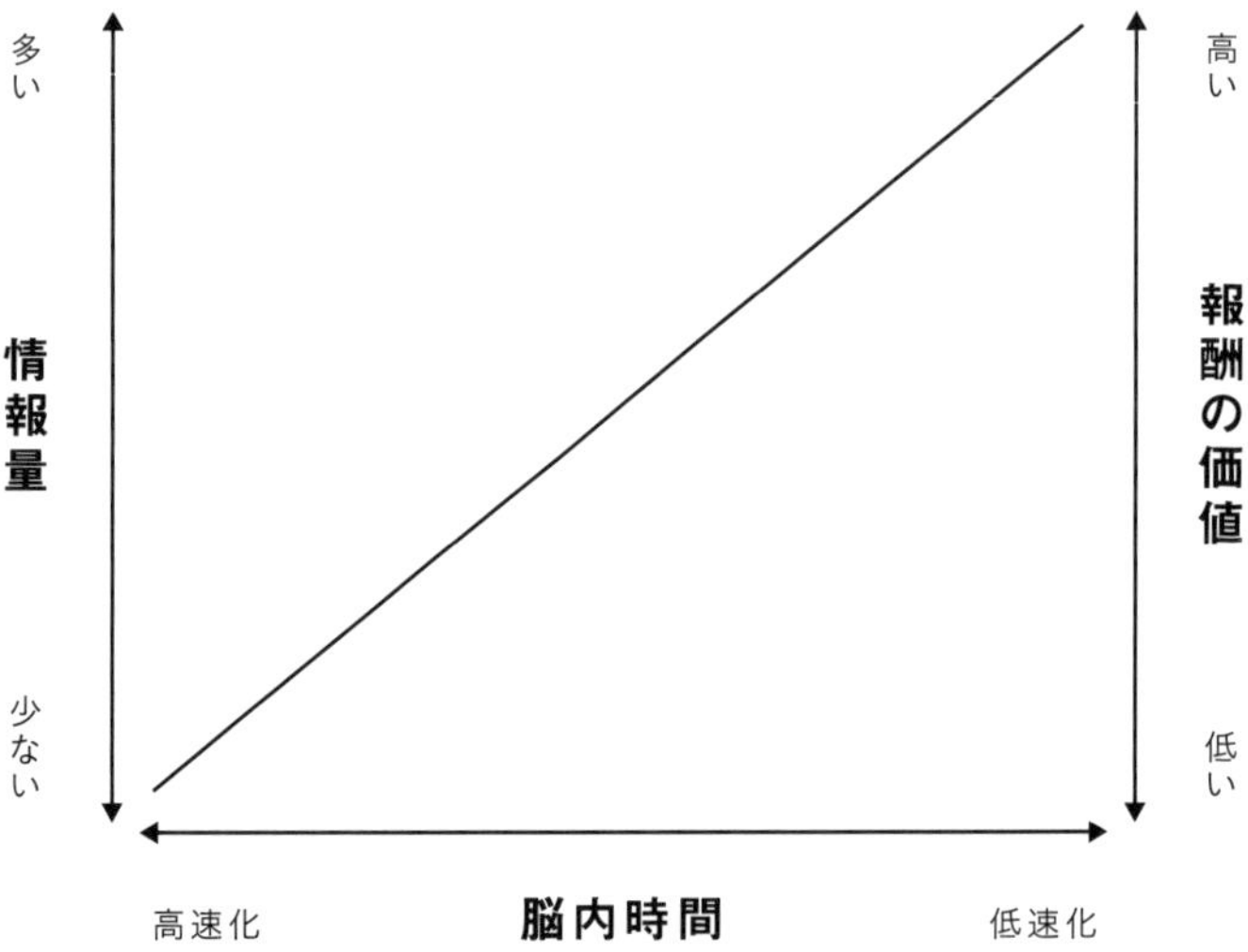

るに従い、脳内時間は低速化し、その行動で得られる報酬の価値も高くなります。

2つの場面を例に、この3者の関係を整理してみましょう。

1つ目は、脳内時間が高速化する場面です。役所に手続きに行ったところ、「書類が出来上がるのに20分かかる」と言われたとします。20分待っている間は、情報量が少ないので脳内時間は高速化します。20分経ったと思って時計を見ると、時計時間ではまだ15分しか経過していません。「20分経ったと思ったのに、あと5分もある」と感じ、「こんな書類どうでもいいのに」と、待っている書類への価値は低くなります。

2つ目は、脳内時間が低速化する場面で

す。人気のある90分のビジネスセミナーを受講したら、内容が面白くて引き込まれたとします。有益な情報が多いので脳内時間は低速化します。セミナーが終わって時計を見たら90分経過していました。感覚的にはまだ60分程度しか経っていないと思っていたのに、時計時間は90分経過していて、時間があっという間に感じられます。この場合は、セミナー自体の価値が高くなります。

このグラフをもとにすると、楽しい時間が早く過ぎ、退屈な時間が長く感じられることの説明がつきます。楽しい時間は、注意を引きつけられることがたくさんあるので情報量が多く、あっという間に時間が過ぎます。逆に退屈な時間は、有益な情報が少ないので長く感じられるのです。

ネットで動画を観ていると、あっという間に時間が過ぎているのに対し、テレビもスマホも観ず、音楽もかけずにいると、時間が長く感じられます。知らない場所に行くときには、行きは状況が分からず情報量が少ないので「まだ着かない」と長く感じますが、帰りは、同じ道を通ってもあっという間に感じます。

このように、私たちが日常的に体験する様々な時間のゆがみを整理することができます。

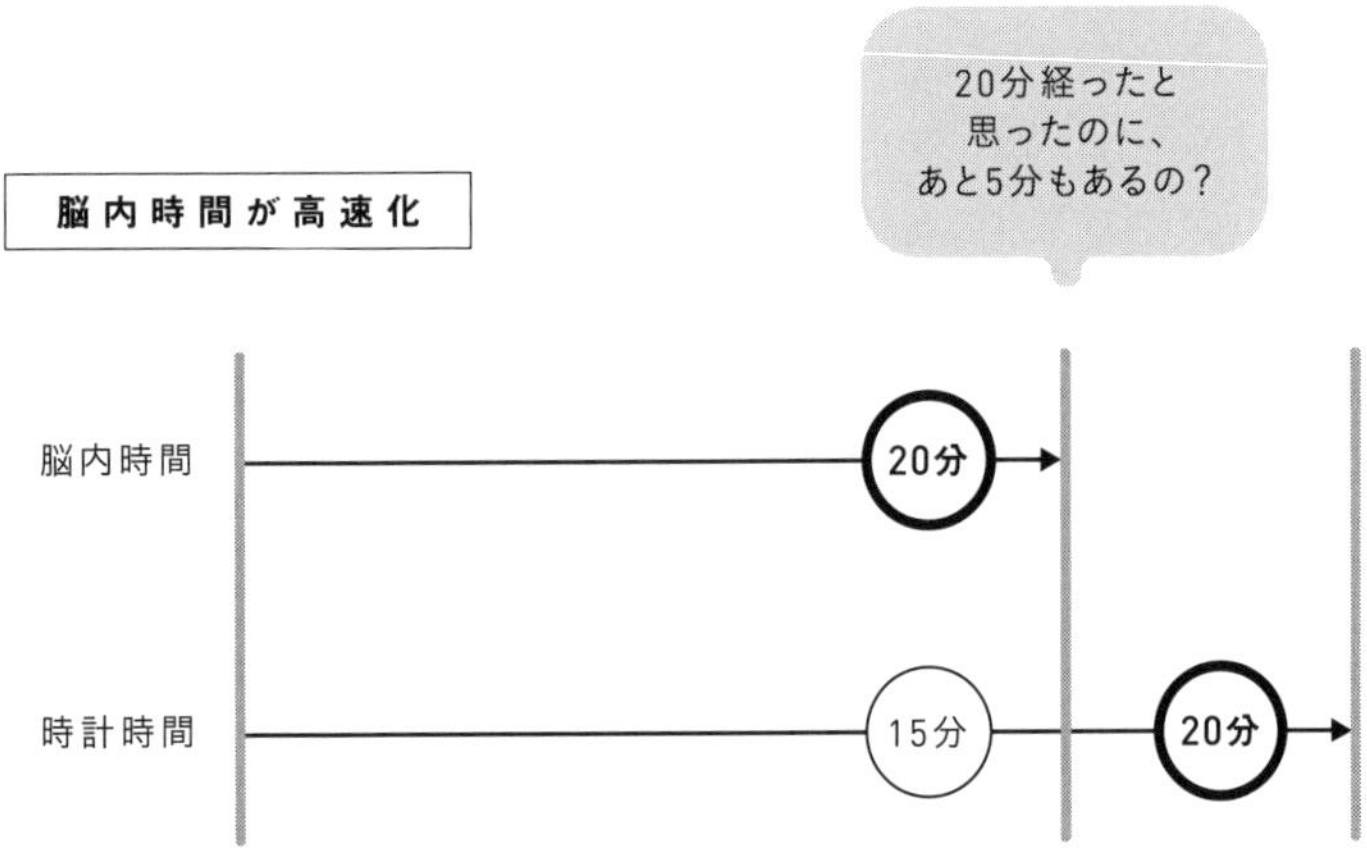
脳内時間が高速化
20分経ったと
思ったのに、
あと5分もあるの？
脳内時間
20分
時計時間
15分
20分

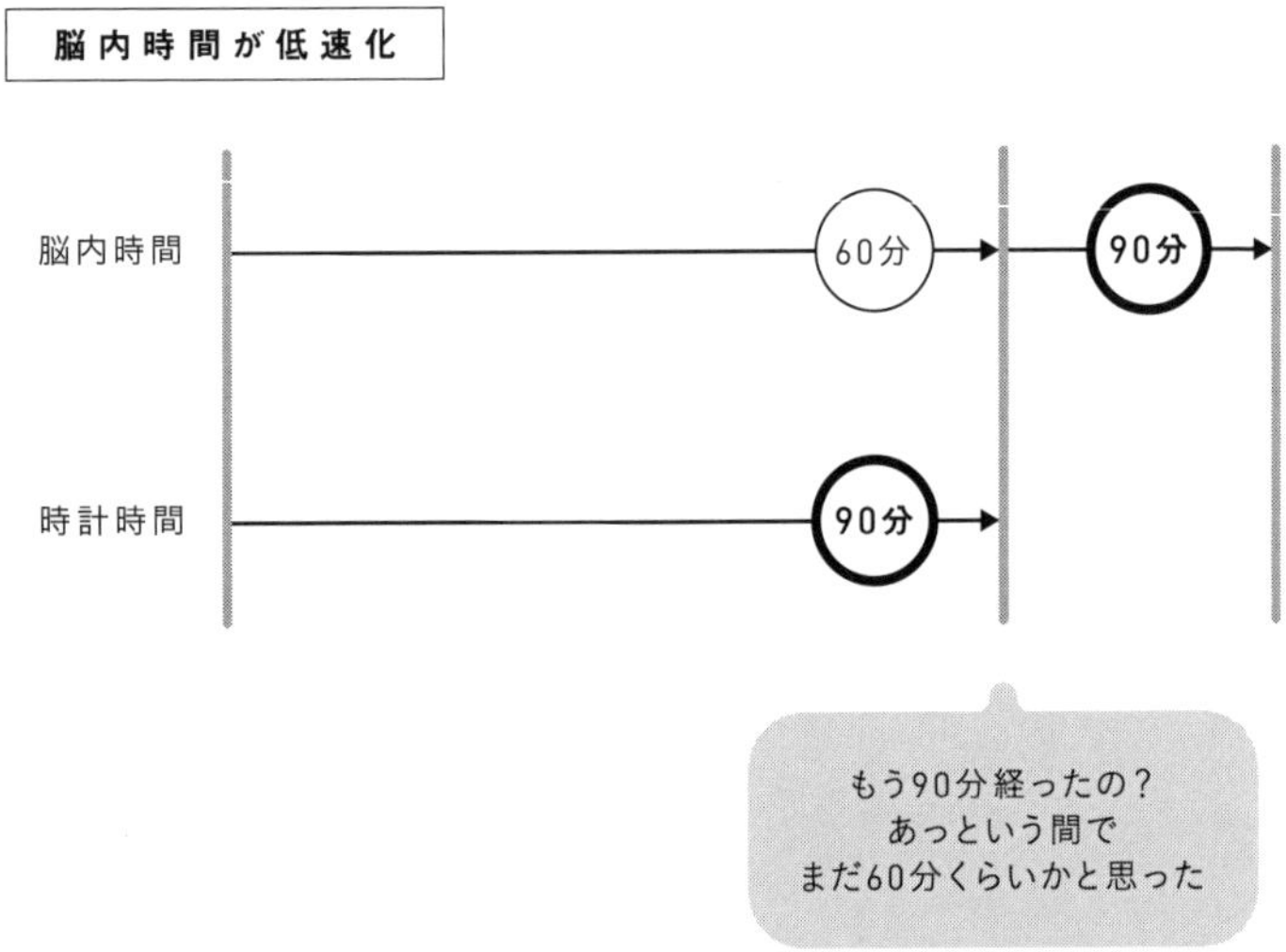
脳内時間が低速化
脳内時間
60分
90分
時計時間
90分
もう90分経ったの？
あっという間で
まだ60分くらいかと思った

●トラブルで脳内時間は低速化する

情報量の多さは、生理学的な指標でも確認できます。瞳孔径《どうこうけい》と刺激に対する眼球の動きを調べた実験では、瞳孔径が小さくなる緊張状態では、刺激に対する眼球の反応が遅くなることが明らかになっています。

予期せぬトラブルに見舞われたときに緊張状態で脳内時間が低速になり、実際の時計時間の方が速く過ぎているように感じられる、ということを体験したことがあると思います。

例えば、出張のとき駅まで車で向かっていたら、道路が渋滞していて全然動く気配がない場合について考えてみましょう。公共交通機関のトラブルならまだしも、自家用車で駅まで着けないのは時間に余裕を持って家を出なかった自分の責任。そして会社にも相手先にも大きな迷惑がかかってしまいます。そんなトラブル時は、もし新幹線の時間に遅れたらどうするか、どのタイミングで誰に連絡するか、乗り継ぎを変えることで移動時間を短縮できるか、という感じで、過去の経験を総動員して目まぐるしく対策を考えています。

情報の量が多いほど、脳内時間は低速化し、時間通りにたどり着くことの価値は高まります。

これは、トラブルの回避に脳内の資源を集中させているために、時間を計る能力が低下している現象だと考えられます。トラブルを乗り越えて現地に到着できたときは、「とにかく無事に着けてよかった」と、普段ならとりたてて報酬だと感じないようなことに非常に高い価値を感じるのも、未来で同様のトラブルを回避するための、脳の戦略と言えるかもしれません。

●時間を守れない人は、時間を守ることが報酬になっていない

この考え方を踏まえて、「いつも待ち合わせの相手を待たせていて、申し訳ないと思う」と言いつつ、「時間が守れない」と今日も相手を待たせている人の例を考えてみましょう。

「いつも待ち合わせの相手を待たせている」と口に出して言うと、過去の振り返る材料が少なくなり、脳内時間は高速化し、時計時間の流れをゆっくりと感じます。思ったより時間がある（脳内時間が高速化）ので「出発するにはまだ早いな」と、別のことを始めてしまい、それによって出発が遅れてしまいます。しかし、「ごめん。出がけにやらなきゃいけないことがあって」とそれほど悪びれる様子もなく謝罪するというのは「時間を守ること

の価値（報酬）が低い」状態です。

一方、「出かけるまであと10分ある」と思ってテレビを観たり、スマホでＳＮＳを観ると、あっという間に時間が過ぎて（高い注意で脳内時間が低速化）「もうこんな時間！　まずい！」とドタバタ出発することになります。本人は急いだつもりでも遅刻してしまい、「本当に申し訳ない」と謝罪することに。これは、その人にとって「時間を守ることの価値が高い」状態と言えます。

このように、脳内時間と報酬の価値は変化しますが、脳内時間が速すぎても遅すぎても目的を達成できなくなってしまうことがあるのです。

前者は、「いつも遅刻する」という言葉を使うことで、これまで待ち合わせという課題に対して、何をしたら間に合った、どんな状況で遅れたという様々な記憶を溜めてきたにもかかわらず、それらの記憶が「なかった」ことにされてしまう。これが、脳内時間を速め、時間に間に合うことの価値を下げた原因です。

後者は、注意を向ける対象物が増えると、脳内時間が低速化することを知り、出かけるまでの10分間にどの行動を当てはめるかを選択する必要があります。自分の目的に合わせて、行動の組み立てを変えることで、脳内時間を意図的に調整するとよいでしょう。待ち

振り返る記憶が**多い**ほど、
脳内時間は**低速**になり、
時間の価値が**高く**なる

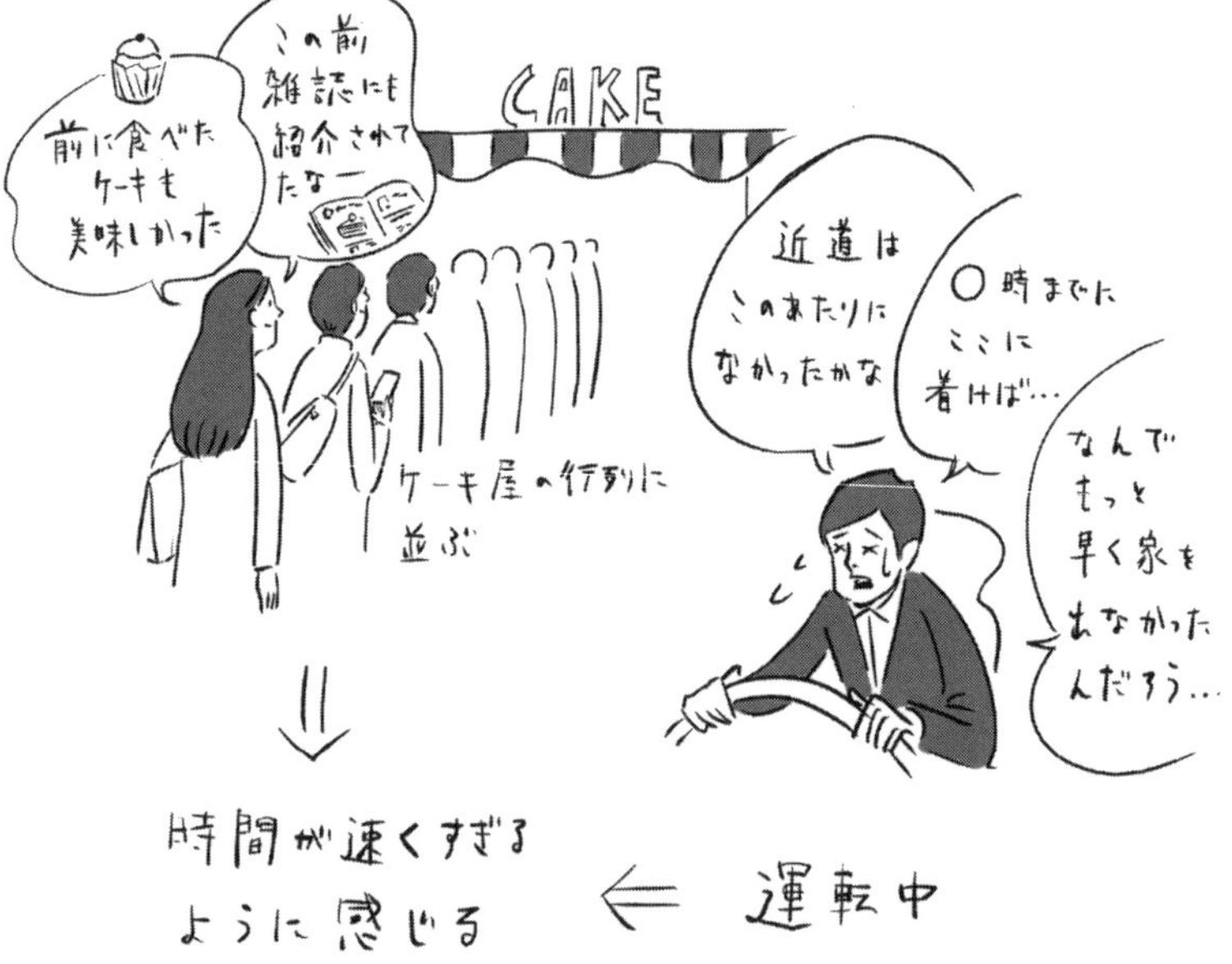

合わせや締切という課題に対してどのように行動したかという記憶を分解して整理することが大切です。

●思うように脳内時間を操る

私たち人間は、自分にとって価値あるものごとを正しく判断するために、脳内時間をゆがめる戦略を選びました。ただし、脳内時間の調整は無意識に行われるので、望ましい結果になることもあれば、遅刻するという望まない結果を生み出すこともあります。

そこで本書では、脳内時間を意識的に操ることを目指します。操るために使うのは、脳に与える情報量です。メタ認知により、自分の脳に与える情報量を調整することで、脳内時間を操りましょう。

時計の時間通りに行動することだけが生活を豊かにするわけではなく、脳内時間の伸縮が、自分の行動の豊かさを測る「ものさし」になります。

理想的なのは、社会生活では時計時間を守ることができ、自分にとって価値の高い行動を逃さず、価値の低い行動に惑わされないように、脳に与える情報量を調整することです。これができれば、「時間」は悩みの種から一転して、豊かな人生を送る強力なツールになります。

本書では、章ごとに「時間を守る」「生活リズムを整える」「時間効率を上げる」「時間のイライラをなくす」という、4カテゴリでお話しします。途中「お悩み相談」として、実際に寄せられた問題を紹介し、それを解決しながら進めていきます。問題を他人事として解決する能力も、メタ認知を促します。みなさんもぜひ、そのように相談されたら自分だったらどう答えるか、と考えてみてください。

また、この4つのカテゴリは1つ改善するだけでも、気持ちや体がラクになったり、効果を感じてもらえると思いますが、時間を守ることで生活リズムが整い、体のコンディションが上がれば時間効率も上がり、イライラやストレスも少なくなるので、それぞれが密接に関係しています。あなたのお悩みに近いところから読み始めても、お役立ていただけます。

第1章

遅刻、締切、約束のタイムオーバーを防ぐ！

時間通りに行動しやすい脳をつくる

●脳を変える2つの方法

第0章でもお話ししたように脳内時間は、行動選択のためにゆがめられます。その脳内時間を操るには、時計時間との差を把握することが役立ちます。正確に時間を把握できれば、脳内時間の伸縮も想定することができるので、結果的に時間が守れるようになります。第1章では、普段自分が、脳内時間と時計時間の差をどうやって把握しているのかを知り、正確に把握するための方法を習得していきましょう。

時間が守れない脳から時間が守れる脳になるよう、脳の働きを変えるには、次の2つの方法があります。

1つ目は、直接的に時間を把握する力を鍛えることです。時間管理が得意な人は、普段から、時間を把握する神経活動を頻繁に活用しています。脳の中では、自分が頻繁に使う能力に、優先的にエネルギーが回されるようになっています。頻繁に使われている回路は、頻繁に電気信号が通っていて反応が速く、神経自体も太いのです。それに比べて、時間管理が苦手な人は、時間を感知する神経の反応が鈍いのです。この違いが、時間管理の能力の差として出てきます。そこで、時間を把握する神経活動を積極的に使い、太い回路をつくっていきます。

2つ目は、別の能力を使って時間把握能力を代行する方法です。時間把握以外に脳が頻繁に使う能力が、空間把握です。実は、脳の中では「時間把握」と「空間把握」の2つの能力で、エネルギーを取り合っている、と考えられています。3分間（180秒）を正確にカウントするという課題と、方向感覚が必要な課題を行った実験では、時間課題の成績が良かった人は空間課題の成績が悪く、空間課題の成績が良かった人は、時間課題の成績が悪い、という結果だったそうです。

時間把握と空間把握の両方に関係しているると考えられているのが、大脳の頭頂葉内側部《とうちょうようないそくぶ》にある楔前部《けつぜんぶ》です。時間把握と空間把握は異なる能力ですが、担う部位が共通しているので、資源の奪い合いが起こると考えられます。

その空間把握能力を使って、時間把握能力を代行することができます。直接的に時間把握能力を訓練するのではなく、別の神経ルートを使って間接的に目的の課題を達成できるようにします。

脳は、ある機能を失ったときに、別のルートを使ってその機能を代行することができます。この脳の内部構造が変化することを、可塑性《かそせい》と言います。例えば、右手を動かす大脳の運動野を損傷した人は、右手が動かなくなりますが、リハビリテーションの訓練によって、右手を少しずつ動かせるようになっていきます。そのときの脳の画像を確認すると、右手を動かしているときに、左手を動かす脳の一部が活発に働いていることが確認されます。左手を動かす脳の中で、右手の動きにも関与する別ルートがつくられたことで、機能を代行しているのです。

結果的に目的を果たすことができるならば、脳内のどのルートを通っても良い、というのが脳内世界のルールです。苦手な能力は、得意な能力で代行するルートをつくってしまえば、補うことができます。代行ルートが開拓できて、そのルートが頻繁に使われると、その神経はどんどん敏感になり、太くなっていきます。このプロセスが、脳の可塑性です。

この可塑性の原理に基づき、空間把握能力で時間把握能力を高めます。

例えば、アナログ時計は、時間情報を空間情報に変えるツールです。私たちは視覚的に、長い針が円の半分をまわったら30分経過する、ということを把握することができます。時間感覚が分からない子供でも、「今3のところにある長い針が5のところに行ったら出発するから、それまでに準備してね」と言えば、空間情報を使って残り10分で出発するという時間感覚を理解することができます。

先ほどの実験で、空間課題の成績が良かった人は、普段から時間情報を空間情報に置き換えて理解する方法を使っているはずです。1時間ごとのマスが書いてある手帳に、2つのマスを塗りつぶして2時間の予定を入れる。プレゼンテーション時には、デジタル時計ではなくアナログ時計を用意して話すスピードを調節する。このように、空間情報も時間管理に大いに役立たせることができるのです。

61ページからは、この空間を使った間接訓練で時間管理能力の向上を狙います。

時間と空間のどちらの把握が得意か、と言われても「待ち合わせに遅刻することもあるし、方向音痴だし、どっちも苦手……」という人もいると思います。脳は、時間を把握するために、全然時間管理とは関係がない能力で代行することもあります。

脳の中で使える資源は、時間と空間に関するものだけに限られているわけではありません。以前、アナウンサーの方々を対象に研修をしたときに、「いつもの手振りでタイトルコールをすると、その手振りで大体30秒が計れる」、とお話しされた方がいました。これは、体の動きである固有感覚を時間管理に使った方法です。または、読書をしているときに、本に指を挟んでいて、その読んだページの厚みで大体どのくらい時間が経ったのかが分かる、という人もいます。これは、触覚情報を時間管理に使った方法です。

結果的に時間通りに行動できれば、脳の中でどのようなルートを通っていても良い、と考えて、使える能力は何でも使っていきましょう。

時間感覚を鍛える!

●20分をどうやって計っていますか?

まずは、大まかに時間を把握する力を高めていきましょう。

現在何かの作業をしていて、20分後に別の仕事に取り掛かるとして、あなたは20分後に行動を切り替えるためにどんな方法をとりますか? 時計を見ながら作業をしたり、スマホで20分後にタイマーをかけるという人もいると思いますが、ここでは脳の時間把握の能力を高めるために、外部の補助を使わずに、時間を把握する方法を習得してみましょう。

他人がどうやって時間を把握しているのか、あまり知る機会はないと思います。まずは、みんながどうやって時間を把握しているのかを調べた実験を見てみましょう。

被検者に20分の映画を観てもらい、映画を鑑賞した後で、1つのグループには上映時間の長さと内容を答えてもらうことを予告、もう1つのグループには内容のみ答えてもらうと予告し、両方のグループに上映時間の長さを答えてもらった実験があります。

実験の結果は、最初に上映時間の長さを聞くことを予告されていなかったグループは予告されていたグループに比べて、時間を正確に回答した人数が2倍でした。

予告されていたグループの上映時間の回答は、ほぼ15分、20分、25分、30分に集中していました。左ページのグラフを見ると正解の20分前後に5分単位のずれが多いことが分かります。一方、正確に回答できた予告なしのグループでは、半数近い人が20分きっかりの時間を回答していました。

予告されていない方が正確に時間を把握できたという結果だったのは、意外に感じられるのではないでしょうか。

予告されていたグループは、「上映時間」と「内容」と、注意を向ける対象が多かったので、脳内時間が低速化した結果、時計時間を短く見積もって20分より短かったと答えた、と考えられます。時間を計る課題で時計時間を短く見積もることは、他の研究でも同

予期群の言語的見積り時間の分布
（標準時間は20分）

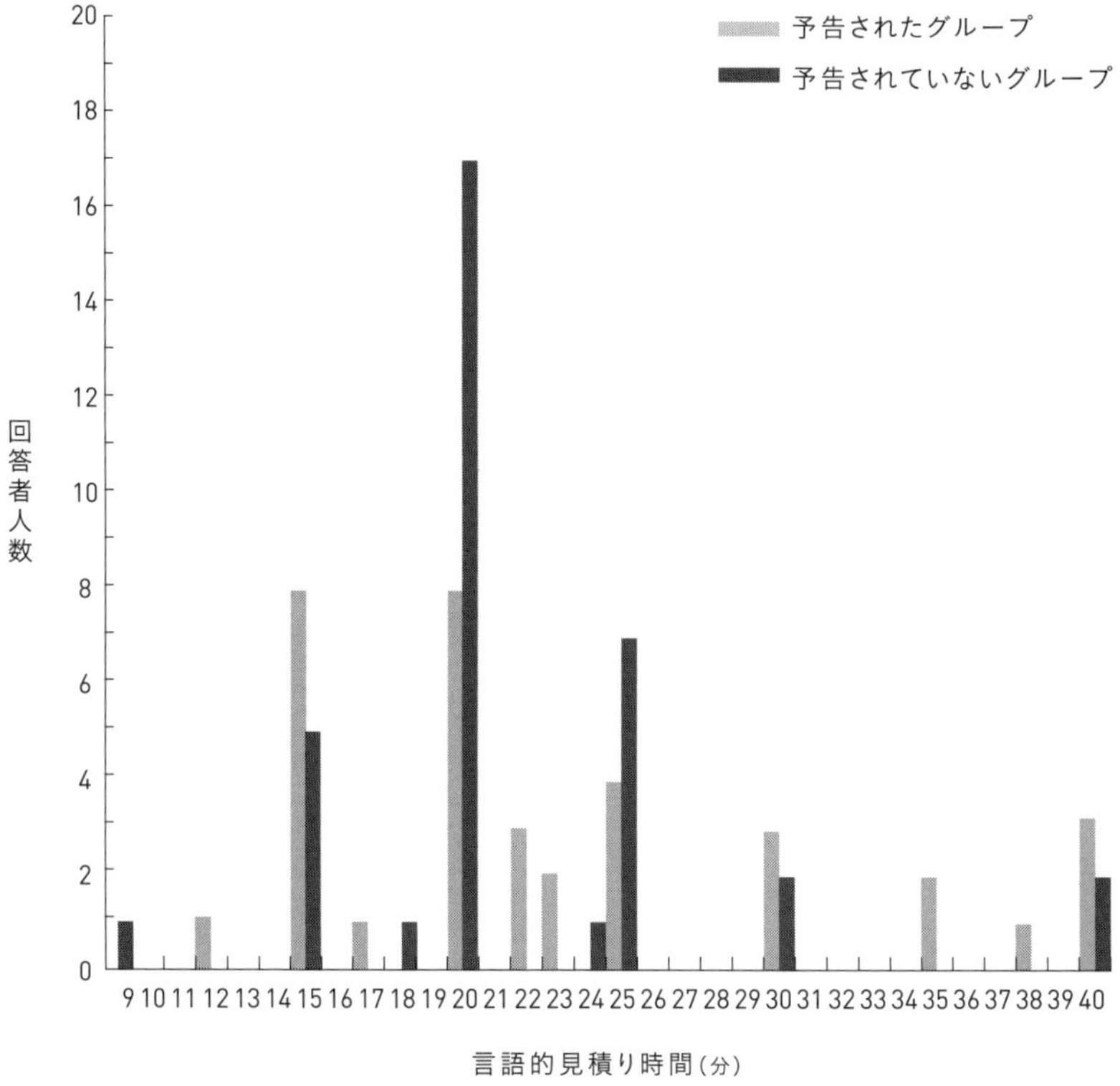

様に見られています。普段は、課題の内容だけに集中していればよいのに、かかった時間を答えるという課題を追加されたことでかえって時間の見積もりの精度は下がってしまいます。脳に複数の課題を与えると、脳内時間はゆがみやすい、と言えそうです。

脳は、基本的に1つの課題、シングルタスクしかこなすことができません。2つ以上の課題を与えられたとき、一方に注意を向けながらその注意を抑制し、もう一方に注意を向けるということを繰り返さなければならないので、課題にかかるエネルギーが増えてしまいます。一方の課題にエネルギーが奪われると、時間を把握することにエネルギーは使えなくなります。これが、脳内時間がゆがむ要因と考えられます。

●1つの課題だけ与える

1つのことだけを淡々とこなしていると、脳は無駄な抑制にエネルギーを奪われずに済むので、余ったエネルギーを使って他の課題に思考を巡らせることができます。

2つ課題を与えると1つの課題の精度が下がるのに、1つの課題しか与えないと別の課題もこなすことができるというのは、一見矛盾しているように感じられるかもしれません。これは脳の特性の中で、特に私たちが知っておきたいことです。脳の働きとは、神経細胞が神経線維に電気信号を流して次の神経細胞に情報を伝達する、ということですが、電気信号を流すより、流れる電気信号を絶縁して抑える方がはるかに大きなエネルギーが必要なのです。

この脳の仕組みを踏まえて、日常を振り返ってみると、時間が守れないときには複数のことを一度にやろうとしているのではないでしょうか。やることが山積みだ、と感じているときほど、どんどん時間は過ぎていきます。

脳に与える仕事を1つずつに限定するということが、時間をコントロールするために大きな役割を持つのです。

●脳は作業で時間を計る

さて、先ほどの実験の話に戻ります。

上映時間の長さを正確に回答した人たちは、どうやって20分を計っていたのでしょうか。その方法を質問した結果から、脳がどのように時間を把握しているのかを垣間見ることができます。

最も多かったのは、日常の体験と比較する方法です。「30分のテレビ番組」「仕事の休憩時間」「クラブの練習時間」「テストの時間」というように、何らかの作業をしたときに経過していた時間の記憶をもとに把握する方法です。上映時間の回答は予告されていませんので、この過去の作業と比較して時間を把握することは、無意識で行われています。

脳は、1つの課題だけを与えられてエネルギーに余裕ができると、過去の作業と現在の作業を比較して、現在の作業時間を把握します。この、無意識かつ自動的に時間を把握する脳の働きを邪魔しないことが、時間把握能力向上のコツです。

マルチタスクは、あらゆる場面でつくられます。洗濯物をたたむときにテレビをつける、入浴中にスマホで動画を観るといった、生活を快適にしようとする行動が、時間把握能力を低下させてしまっています。このことに気づき、日常の些細な場面からマルチタスクを避けてみましょう。

とりあえず、帰宅したらテレビをつけず、スマホを充電器に置いて画面を見ないまま時間を過ごしてみると、いつもの時間がとても長く感じられるはずです。時間管理が苦手な人にこのような提案をすると、「そんなことしたら、その時間がつまらなくなる」と言うことが多いです。マルチタスクで情報量が増えると、それらの行動の価値が高くなりますが、シングルタスクにすると、行動の価値が下がって「つまらない」と感じるのです。

ところが、このシングルタスク化を続けていると、１つの作業の中でも観察する点がいくつも出てきます。洗濯物をたたんでいると「今の洗い方では洋服が縮みやすいかも？」とか「肌触りが良くなったな」などの触覚情報や、「取り出しやすいたたみ方にしてみよう」など作業の質の向上に目が向きます。すると情報量が増えてきて、またその作業の価値が高まります。しかし、マルチタスクは価値が高いと錯覚しやすいため、この錯覚に惑わされないようにするのも、時間把握能力の向上には必要です。

常にマルチタスクで脳内時間をゆがめておきながら、いざというときに時計時間通りに行動するというのは、難易度が高すぎます。脳とうまく協業するために、１つの作業でゆがみのない時間を体験できる場面を、週に1回、１時間でもつくってみましょう。

脳をスイッチ！

3：マルチタスクは避け、一度に行う仕事・作業は１つだけに絞る。

●時間を予測する脳の働きを知る

脳が作業で時間を把握する仕組みを、もう少し詳しく知っておきましょう。脳の時間把握は、海馬と線条体《せんじょうたい》が主に担っています。

海馬は、記憶を司る部位です。過去に経験した出来事同士を時間感覚でデータ化して、それらを比較することで報酬の価値を決めています。この海馬の記憶が脳内時間の伸縮のもとになっています。

線条体は、私たちが1つ1つの行動にエネルギーを消費せずに済むように、過去の行動をパターン化して省エネを図っています。毎日の習慣は線条体の働きによって作られている、とも言えます。この線条体は、現在進行中の行動の時間を把握することを担っており、ある決まった間隔で自動的に反応を生み出しています。その反応時に、体がどう動いているかを連続写真のように記録して、それをもとに行動をパターン化しているのです。一定間隔の動きをつないで行動を作るので、パラパラ漫画を作るような要領です。

この海馬と線条体は、お互いに競合関係（抑制し合う関係）にあって、海馬が強く働いているときは線条体の働きは低下し、線条体が強く働いているときには海馬の働きが低下します。この競合関係で、時間把握能力の向上が叶えられています。

時計を見ずに、頭の中で時間を正確に計る訓練をしていくと、脳内で時間を計る役割が海馬から線条体に移行すると考えられています。つまり、過去の経験からこの作業はどのくらいかかる、と考えて時間を管理していた状態から、どの作業はどのくらいの時間というパターンをもとに、「このくらい作業したから何分くらい経過したはず」と、時間を把握するようになるのです。

過去の時間と対比して時間を把握する「海馬型」の方法では、振り返って照合する記憶によって脳内時間はゆがみます。それよりも作業のパターンで自然に時間が把握できる「線条体型」の方法の方が、脳内時間のゆがみが少なく、正確に時間が把握できるのです。この章の冒頭でアナウンサーが、手振りで時間を把握していたという話をしましたが、これはまさに、行動の反復によってつくられた線条体型の時間把握です。

線条体型をうまく機能させるには、作業の1つを儀式化することが役立ちます。朝イチにデスクに座ったら、両足をしっかり地面につけて姿勢を正し、メールなどの外部からの邪魔な刺激は無視して、自分の作業を1つ仕上げる。このように、自分の理想的な作業を1つの儀式になるくらい反復すれば、その作業が時間把握の単位になります。

●作業の順番を変える

お悩み相談

いつも出勤時間がギリギリになりがちなのが悩みです。先日も、朝9時から会議がありました。10分前には着席していたいので、通勤時間が30分かかるところを、45分前（8時15分）に家を出ることにしました。ところが、いざ出かけるタイミングになったら「髪型が決まらない！」。「でも少し余裕ある時間設定にしたから、5分くらいなら家を出る予定の時間を過ぎてもいいか」と思って焦らずにいたら、いつの間にか15分近く過ぎていて、結局家を出たのは8時30分。猛ダッシュしてギリギリ会議には間に合いましたが、こういうヒヤヒヤすることは、大人ですし、もうなくしたいと思っています。

この相談は、せっかく早めに出かけようとしていたのに、「髪型が決まらない!」というトラブルで、脳内時間が低速化し「予定の時間を過ぎてもいいか」と時間を読んでいたら時計時間は15分も過ぎていた、という現象です。

出がけにトラブルが起こると、無情にも時計時間はどんどん過ぎていく感じがしますよね。この解決策として、出かける前の行動では、トラブルが起こる可能性がある作業を先に行うように順番に組み替えてみましょう。

トラブルが起こる可能性がある作業とは、ゴールのない作業です。朝行うことの中で、整容は最もゴールがない作業。どこまでいっても終わりがあるわけではないので、自分なりに「このあたりでいいか」と妥協点を見つけて切り上げています。洋服選びも、ゴールがない作業です。ただ、洋服選びの場合は、洋服を減らして選択肢を少なくしたり、前日の夜に翌朝に着る洋服を決めてしまうことで、ゴールを明確にすることができます。

抱負の立て方でもお話ししたように、行動の順番を変えるだけなら簡単に実行できます。朝起きて、いきなり着替えて整容を済ませると、出がけにバタバタしなくなるはずなので試してみてください。時間に余裕があるうちに、ゴールが定まらない作業に取り組めば、トラブルによって脳内時間がゆがむことを防げます。

●ゴールがない作業を丁寧に行える時間をつくる

ゴールがない作業がトラブルのもと。では、整容は適当にすればいいのか、というと、そうではありません。ゴールがない作業は、脳にとって重要な役割を持っています。

時間がないから、髭剃りやメイクをパパッと済ませた、ということがあると思いますが、そんなとき、仕事やプライベートの用事がうまくこなせたでしょうか。整容をおろそかにしたときほど、集中できなかったり、気分が乗らなかったり、イライラするという体験が多かったのではありませんか?

整容は、作業への集中やメンタルの安定に貢献しています。それは触覚が脳に与える影響が大きいからです。脳は常に未来を予測しますが、その予測の材料には、過去の記憶だけではなく、絶え間なく送られてくる感覚も使われます。現在自分がどんな状態なのかが分かった上で、未来に備えています。つまり、現在の状況が詳細に分かるほど、未来を詳細に予測することができます。予測と現実のギャップが少なければ、トラブルは減り、脳内時間はゆがみません。

ニュース見る
食事
トイレ
整容
出発
髪型がうまくキマらない…!
あたふた
整容
ニュース見る
食事
トイレ
出発
身だしなみも整って、落ちついて食事がとれる!

感覚の中でも、触覚は特別な存在です。視覚や聴覚は、目を閉じたり耳をふさげば遮断することができますが、触覚は遮断することができません。いつ、どんな状況でも、触覚情報は脳に送られていて、現状を把握することに使われているのです。

触覚は、私たちのメンタルを左右しています。触覚とメンタルの関係を明らかにした実験があります。この実験では、実験参加者を2つのグループに分けて、一方には肌触りの良いベルベットの素材を、もう一方には、紙やすりのようにザラザラした素材を触らせて、同じ文章を読ませています。この文章は、チャットによる2人の会話文で、読み方によっては2人の仲の良さを感じる文章でもあるし、仲が悪い2人のギスギスした会話にも読めるものです。それぞれのグループに、文章を読んでもらった後で、2人の会話は仲が良さそうか、それともギスギスしたものかを判定してもらっています。

実験の結果は、心地よい素材に触れていたグループは、2人の会話を仲が良いものだ、と判断し、ザラザラした素材に触れていたグループは、ギスギスした会話だと判断したということです。

人間関係は、場合によって、ポジティブにもネガティブにもとらえられます。そのため、とらえ方さえ変えることができれば、ストレスを感じることなく、状況にしなやかに応じることができます。そのとらえ方が触覚に支配されていたのだとすると、どうでしょうか。いくらポジティブな思考をしようと頑張っていても、整容や身に着けるものを適当にしていると、思考はネガティブになっていく、ということになります。

触覚は、受容体の密度によって感度が異なるため、体の表面積が小さい女性の方が受容体の密度が濃く、触覚に敏感な傾向があります。それもあってか、外来で自分のメンタルの調子が表れる日常行為を聞くと、洗顔やメイク、洋服選びを挙げる女性が多いです。男女問わず触覚は脳にとって重要ですが、特に女性は、整容時間を確保することを前提に時間管理をしてみてください。ゴールがない作業にこそ、たっぷりの時間を割いてみることが、その後の行動を良い方向に導くことになるのです。

●小脳で予測しやすい行動をつくる

脳の予測する機能は、大脳の後ろにくっついている小脳という機関が担っています。小脳の予測の精度が上がれば、不適切な脳内時間のゆがみは回避されます。

小脳は、私たちがある課題に取り組んでいるとき、最初のうちは課題に対してその都度、その課題が正確にできるように、タイミングを合わせたり、微妙な動きのズレを修正しています。しかし、作業が進むと、次第に動いた後に起こる状況を予測して、いちいち修正しなくてもスムーズに動けるように働き始めます。この働きは、「フィードフォワード」と呼ばれます。小脳は、私たちがスムーズに行動できるように、先回りして体に準備させているのです。

この小脳が、時間を正確に把握することに一役買っています。それは、1秒以下のごく短い時間単位で、体の動きの最適なタイミングをつくって行動を成功させていることです。整容のように顔や髪や体を扱う作業は、扱う対象もコンディションによって随分変化するので、とても微妙な調整が必要です。「髪型が決まらない!」というトラブルが生まれたのは、小脳によるタイミングの調整がうまくいかなかったことが原因です。

整容のように毎日行う作業の精度が高まるには、その作業が丁寧に行われ、自分の中で「うまくいった」と思える動きの情報が必要です。整容に時間を割くことは、未来を予測する材料を増やしていることに当たります。時間がなくドタバタしてしまう状況に備えて豊富な情報を脳に用意しておきましょう。

脳をスイッチ!

4:毎日のルーティーンは「ゴールがない作業」を最初にする。

5:整容や身だしなみを整える時間は意識的に確保する。

空間情報で時間を管理する！

●サークル課題で自分の脳内時間を可視化する

ここからは、時間情報を空間情報に置き換えて、脳内時間と時計時間とのギャップを把握してみましょう。あなたがどのように時間を把握しているのかを知るために、次の課題をやってみてください。

紙を1枚用意し、そこに「過去」「現在」「未来」を表す3つの円を描き入れてください。円の大きさや位置は自由です。

これは、サークル課題といって、その人が時間に対してどのような考えを持っているのかを知ることができると考えられています。このような間接的な課題で時間への考え方を知る方法は、投影法と呼ばれます。その人の時間に対する信念（time belief）は、考え方や行動のもとになっています。「時間」という目に見えない概念を、視覚情報に置き換えることで、自分の行動のもととなっている信念を知ろう、という方法です。

「過去」「現在」「未来」の円の大きさを比べてみてください。最も大きな円が、今のあなたの考えの中心になっています。

「過去」の円が大きければ、過去の出来事を振り返ったり、現在の出来事を過去と対比することを頻繁に行い、そこから自分が時間を守れたり守れなかったりする理由をつけている傾向があります。過去を頻繁に振り返ることで、脳内時間は低速化します。思っているよりも時計時間が速く進むので「もうこんな時間だ！」と感じる場面が多いかもしれません。

「現在」の円が大きければ、考えの中心は現在にあります。今から何をしようか、今やらなければならないことは何か、ということを考えながら行動しています。今楽しい時間を過ごしていたり、自分にとって難しいことに取り組んでいる場合は、過去や未来に思考を巡らせる隙がありません。隙がなければないほど、脳内時間は高速化します。思ったよりも時計時間が遅いので、「これで1時間しか経っていないのか。すごくいろんなことをしたような感じがする」という場面が多いかもしれません。
「未来」の円が大きい場合は、未来を考えることと同時に過去のことを考えています。脳内時間は低速化するので、時計時間が速く感じられますが、過去のことを思考している場合と比べて「次の打ち合わせに間に合わないから昼食は抜きにしよう」「次の連休の飛行機のチケットを今のうちにとらないと」というように、次から次へと予定を決める思考をして、時間に追われているような感覚になります。

●事例

ここで、2人のサークル課題を例として見てみたいと思います。

【Aさん　50代男性　会社員の場合】
「仕事中に眠気を感じたり、パフォーマンスが上がらない」と来院されました。平日に会社を休んでしまうこともあり、朝起きてもなんとなく動き出さずにずるずると横になっているといつの間にか昼になっていて、午後から出勤することもあるそうです。「仕事は、締切ギリギリにならないと作業へのやる気が起こらないんです」「休んでいるときは、こ

Aさんのサークル課題

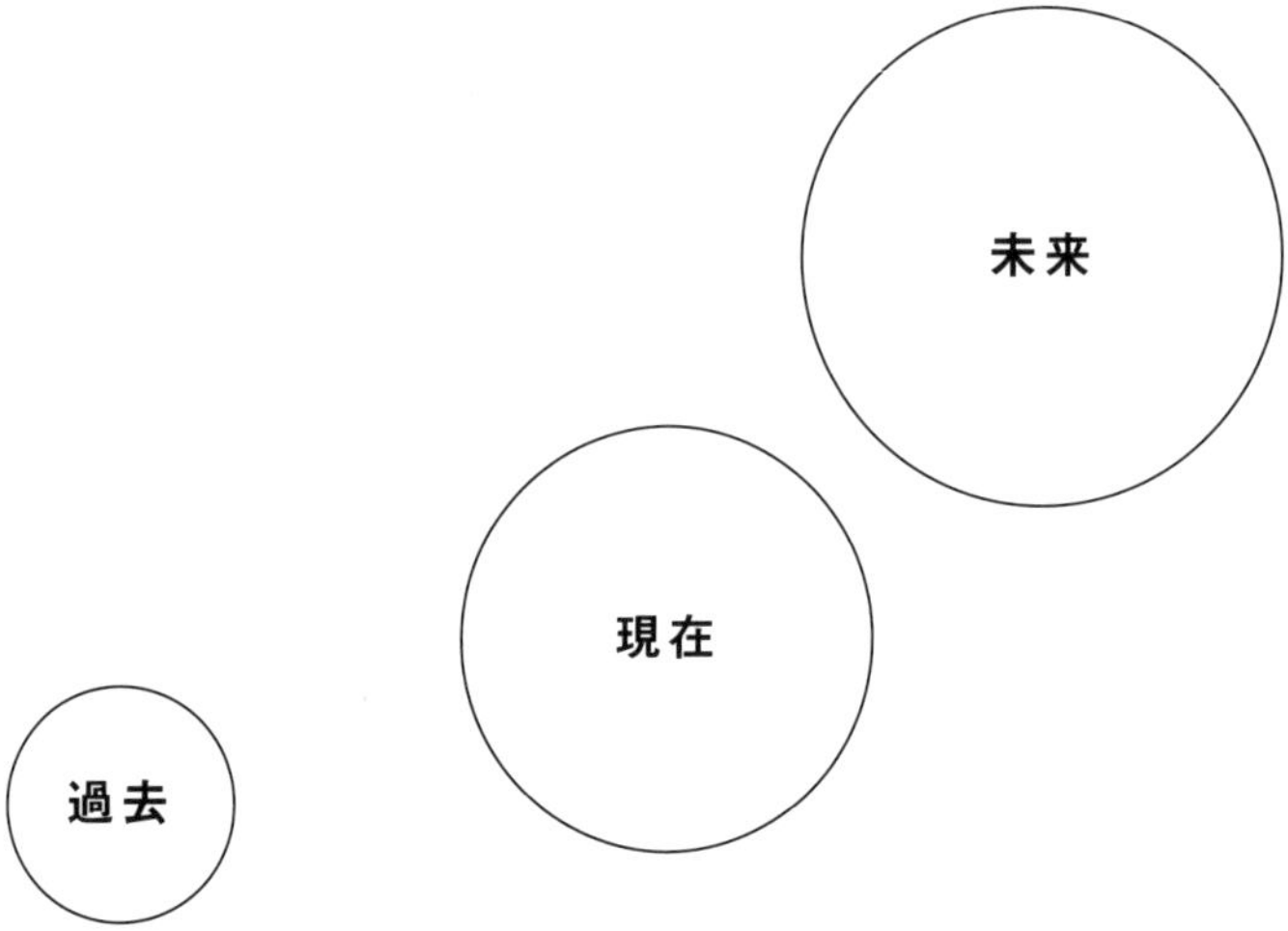

れから先のことを悶々と考えているので、正直休めているという感じはしません」ということです。

上の図がAさんのサークル課題です。

現在と未来の円が大きく描かれています。未来のことについて思考を巡らせているので、脳内時間は低速で、自分が思ったより時計時間が経ってしまっている状態です。

まだ締切は先と思っていても、いつの間にか締切間際になっていることを、Aさんは「締切にならないとやる気が起こらない」と解釈しています。会社を休んでいるときも、午前中に4時間ほど起きている時間があるのですが、いつの間にか昼になっていると感じています。

Aさんは、漠然と未来の不安を考えていますが、この場合でも、未来の予定に追われているのと同じように、時計時間だけがどんどん過ぎていきます。図を見ながら、未来への思考が脳内時間を低速化させ、そのせいで締切が迫ってくることを説明し、Aさんは悶々と思考する時間を少なくすることを目標にしました。

まずは、必ず起きている時間帯を決めて、その時間に横になったり眠ったりすることを避けてもらいました。この生体リズムの調整については第2章で詳しくお話しします。そのうえで、休日の午前に、外出する予定を入れてもらうと、何かをしているときは考え事をしなくなる、とのことでした。さらに、第3章でお話しする、先延ばしを防ぐ行動を取り入れてもらいました。Aさんは、現在では昼間の不用意な眠気はなくなり、「金曜日締切のメールを水曜日くらいに出せているので、やる気の問題ではなかったのかと思いました」とお話しされています。

【Bさん　30代男性　フリーランスの場合】

「仕事中に物忘れがひどい」と来院されました。お話をうかがうと、仕事中に少しの間も待てずにパソコンやスマホにいくつもアプリを起動させていて、また、自分は忙しいのに、相手の仕事のペースが遅いとすごくイラ立つということでした。

Bさんのサークル課題

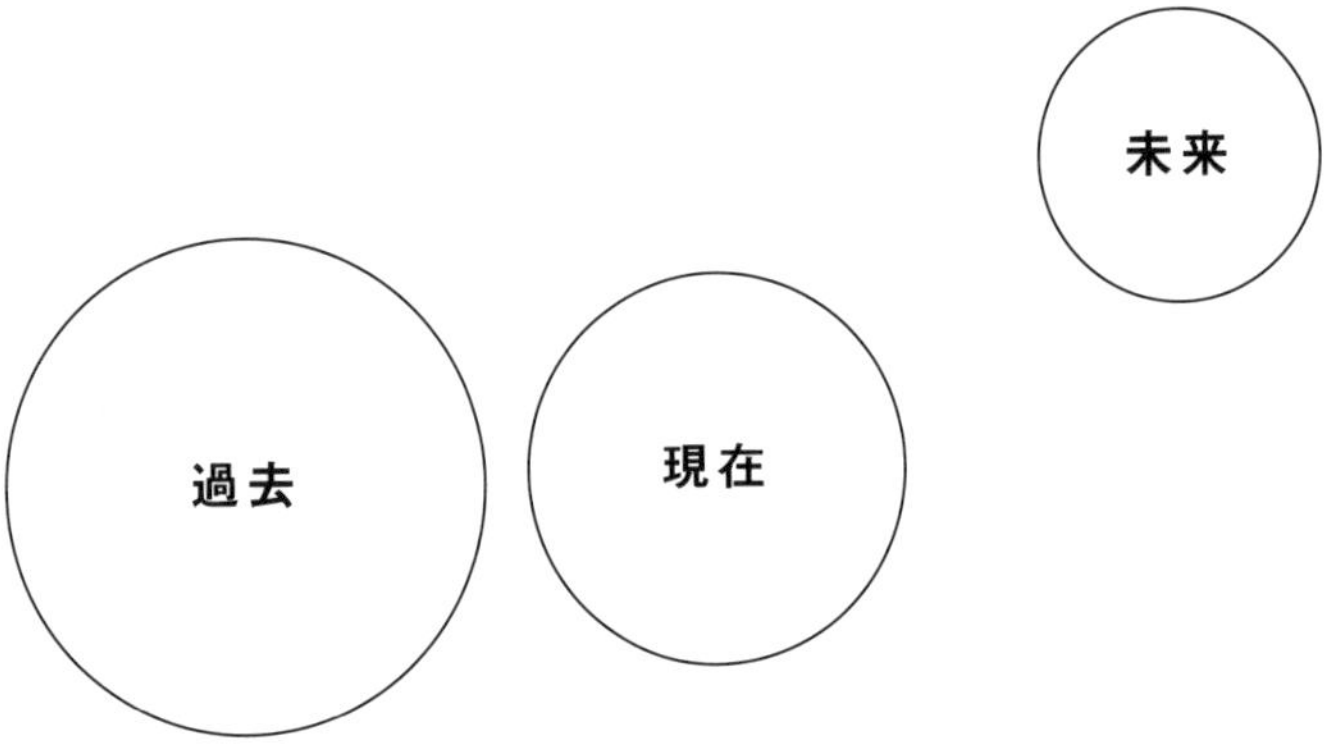

「仕事がどんどん増えるので、いつもギリギリで切り抜けている感じです。自分に要求されていることが多すぎると感じていて、タスクを回せないのは、自分がおかしいからなんじゃないか、と思ってしまいます」とのことです。

Bさんのサークル課題が上の図です。

過去の思考が中心になっていることを伝えると、「小学校の頃から夏休みの宿題は最終日にすべてやっていたし、昔からギリギリまで手をつけないで先延ばしする性格なんです」と話されました。「自分がおかしいんじゃないか」と自分の性格や頭の働きを否定する考えに至っていたのは、自分が仕事を先延ばしするのは、今まで先延ばしをし続けてきたせいだと理由づけしていたことが要因のようです。

そこで、まず過去の自分に原因を求めると、脳内時間は低速化し、締切があっという間に迫ってくることを説明し、先延ばしが脳には負担になること、マルチタスクで時間感覚が鈍ることを説明しました。先延ばしやマルチタスクが注意力を低下させた結果、「あれ? 何をするんだっけ?」という場面が増えて、それを物忘れがひどいという記憶の問題だとBさんは考えていたのですが、記憶自体には問題がないことをお話ししました。そのうえで、脳に1つずつ課題を与えることと、先延ばしを防ぐ行動を実行してもらいました。

Bさんは「まだ時間に追われる感じはありますが、自己否定はしなくなりましたし、物忘れという感じもしなくなりました」とお話しされています。

サークル課題で脳内時間が可視化されると、自分の時間に対する信念を客観視するメタ認知ができます。すると行動を変える手立てが見えてくるので、結果的に性格や自分の過去を否定することを避けられます。感情から離れて行動を選ぶことができれば、行動はあっさり変えることができるのです。

●3つの円を描くと時間把握能力が分かる

円を描くだけの投影法なんて、こじつけじゃない？　と思われる人もいると思います。この投影法自体は、時間に追われる時間恐怖や未来に希望が持てない思考の対策として、かなり古くから使われてきたものですが、そうした時間に対する信念だけではなく、時間を計る能力にも関連していることが、最近の研究で明らかになっています。

現在に対する、過去と未来の円の大きさと、1分間を計る課題との関係を調べた研究では、現在に対して未来の円を大きく描いた人ほど、1分の秒数を長く数えた、つまり脳内時間が低速で、時間をゆっくり感じている傾向があったということです。サークル課題は目に見えない脳内時間を可視化でき、時間に対する臨み方を変えるきっかけになり得ると考えられます。

脳内時間が意味を持ってその都度伸縮しているように、サークル課題も、そのときの状況や体験した出来事によって描かれる図が異なります。「最近遅刻が多いな」「やたら忙しくて時間に追われている感じがするな」と思ったら、日記や手帳を書くついでに3つ円を描いてみると、メタ認知が促されやすいのです。

●タイムバジェットで残り時間を把握する

サークル課題以外にも、時間情報を空間情報に変換する方法があります。ある課題に使える時間枠の中で、何にどのくらい時間を使うのかを視覚的に線引きする「タイムバジェット（時間の予算）」を使ってみましょう。

お悩み相談

スケジュールを立てるときに、ついつい予定を詰め込んでしまい、いつも処理しきれません。楽観的な性格なので、「7~8時間かかる仕事も、3時間集中してやったらいけるかも!」と思ってしまうのですが、当然終わりません。時間の見積もりが甘いのは自分でも分かっているのですが、この性格、どうにかならないでしょうか?

予算を立てて財源を確保していないのに、事業を実行すると公言されたら、それは無理だと批判されて当然です。時間を税金の使い方に置き換えて考えてみると、分かりやすいと思います。1日のうち、仕事の課題に取り組める時間が何時間あるでしょうか。1日8時間の勤務時間があったとしても、それをすべて課題への取り組みに使えるわけではありません。1つのメールへの返信に5分かかるとして、10件あると50分。急に飛び込んでくる資料のチェックや修正依頼への対応に1件ごと60分だとして2件あれば120分。会議、打ち合わせが1件60分で2件あれば120分。社外に出向けば移動に60分。同僚や部下の相談に応じるのに30分。残り時間は100分です。

自分の課題に取り組める予算が100分に対して、やることを5つも6つも挙げれば、当然達成することはできません。自分には一体、1日の時間予算はどのくらいあるのかを可視化してみるのが、タイムバジェットです。

24マスを1日24時間として、実際の1日をもとにマスを区分してみましょう。睡眠時間、食事時間、入浴などの整容時間、移動時間など、普段から変わらない時間を始めに区分し、残りをどのように使っているかを可視化してみると、自分の課題に使える時間はとても少ないことに気が付くと思います。

予算が把握できたら、まずは、予算を増やすために、削ることができる時間を見つけてみましょう。無駄な公共事業をやめて、必要なことの財源を確保するのです。可視化された予算をメタ認知で他人事のようにとらえて、バシバシ事業の適正化を図るのがポイントです。

先ほどの相談のように、「3時間集中してやったらいけるかも!」と思うことは、よくあると思います。ただ、3時間ずっと集中できたことが、過去2週間のうちにあったでしょうか。過去の記憶はかなりあいまいなので、受験勉強のときにはずっと集中していたという記憶も、実際には、他のことを考えたりラジオを聞いたり友達としゃべったりと、途切れ途切れになっていたと思います。

「楽観的な性格なので」というのは、脳内時間が低速化していることを指します。自分の感覚では時間があると感じていても、現実的には時間内に終わりません。先ほどのAさん、Bさんの例でも出てきましたが、私たちはとかく「性格だから」と認識しますが、このように決めつけずに、時間コントロールに取り組んでみましょう。

タイムバジェットは、記憶に基づいて何にどのくらいの時間がかかるのかを可視化します。記憶を振り返るだけでなく、可視化というプロセスが入ることで、脳の働きは大きく変わります。時間情報がマスの数に変換されると、数字やマスの長さという具体的な尺度で記憶が再構成されます。具体的な尺度が加わると、すでにご説明した予測するフィードフォワードの精度が上がります。今まで1時間でできそうと考えて半分も終えられなかった作業も、持ち時間は1マス分と認識されると、1時間でどのように行動するのかが予測されて時間内に作業を終えやすくなります。

タイムバジェットを実際にやってみると、1つの作業にどのくらいの時間がかかっているのか、という予測も正確になります。可視化でフィードフォワードが高まり、実際の行動との差が少ないことで記憶も鮮明になり、それが次の予測の精度を高めるのです。

脳をスイッチ!

6：1日を24個のマスで区分して管理する。

7：「7～8時間かかる仕事」を可視化し、マスの数を時間の尺度にする。

●プロジェクトのスケジュールにタイムバジェットを使う

新しいプロジェクトに取り組むときには、タイムスケジュールを箇条書きすることがあります。これを、ただ箇条書きにするのではなく、タイムバジェットを使って、マスを塗りつぶし時間予算を可視化してみましょう。

ひと月を1マスや上旬・中旬・下旬と10日ずつに分けたマスにするなど、1マスの単位は作業の進行が分かりやすい単位に変えてみましょう。プロジェクト完了までにかけられる日程のマスができたら、各作業に使える予算マスを塗りつぶしてみましょう。

タイムバジェットが出来上がると、箇条書きの場合の「上旬が締切」というあいまいな予測が、作業単位で細分化されます。締切まで5マスあることが可視化されたら、1マスでどこまで進めないといけないのかが明確になるので、作業完了までのマイルストーンが立てやすいです。

時間を視覚で管理できる!

(10日)　12月　(20日)　(10日)　11月　(20日)　(10日)　10月

12月2日	11月下旬	11月中旬	11月上旬	10月下旬	10月15日	10月3日
途中経過報告 ←			トライアルスタート	試作品完成	コンセプト決定	キックオフ

長期間の
プロジェクトも
時間の可視化で
スムーズに進行!

●9ブロックタスクで課題を細分化

タイムバジェットで、予算に対して非現実的な事業を詰め込み過ぎていたことが分かると、現実的な行動の計画を立てられるようになることが、時間を守るコツだと分かります。現実的な課題設定ができるようになる、とても簡単な方法があります。9ブロックタスクでビンゴをつくる方法です。

縦3つ横3つの9つのマスを書き、1つのマスに1つずつその日やろうとしていることを書き入れてみましょう。書き入れられたら次は、9つのうち、縦・横・斜めどれでも3つの課題を終えることができればビンゴ達成です。

ビンゴの形式にするメリットは、課題への予測と、達成までの戦略を立てるプロセスを脳に経験させることです。この9ブロックタスクは、「やるべきことがたくさんあるのに、何もできなかった」と言われたときに提案しています。ビンゴをつくることが1つの目的になるので、9つのマスにタスクを入れる段階から、真ん中のマスに最も簡単に達成できるタスクを入れるように、自然に戦略を立てます。つまり、「効率よい仕事」が、効率よくビンゴを完成させるにはどうすればいいか、という単純な思考に置き換えられます。そして、1つ目のマスが消されると、残りは2つ、という見通しが立ち、同時に、どの方向のビンゴがつくりやすいかという戦略も立てられます。

タスクは9つ書き入れますが、あくまでもビンゴなので3つ達成できれば完成です。物足りなければ、おまけとしてもう一列、もう一列と、ビンゴをつくってもよいでしょう。脳は、タスク完了までの見通しが立ちやすくなるほど、行動しやすくなります。ビンゴは、その性質を使いこなせるようになるための練習ツールです。

「時間が守れない」という人に、この9ブロックタスクにチャレンジしてもらうと、次にお会いしたときに「1つもできませんでした」と言われることがあります。なぜだか分かりますか？ 1つのマスに書く課題の難易度が高すぎるのです。

例えば、1つのマスに「片付け」「資料作成」「経理処理」というように書き込むと、1つのマスの課題の範囲が大きすぎて、1つも達成することができません。9ブロックに書き入れることは、短時間で達成できる課題だけです。脳を変えるには、「スモールステップ」で「エラーレス・ラーニング（誤りなし学習）」をつくる課題設定が重要です。

●スモールステップで成功の記憶を積み上げる

9ブロックが1つも達成できなかった場合、課題を細分化してみましょう。まず、9つのうちから1つ選びます。例えば、「片付け」という課題を選んだとして、それを9つの課題に分けてください。「デスクの整理」「洋服の整理」「台所」「風呂掃除」「トイレ掃除」……というように9つに分けて、そのうち3つが達成できたらビンゴができます。

それでもビンゴできなかったら、また1つの課題を9つに分けてください。「デスクの整理」を選んだら、「本を本棚にしまう」「文房具を引き出しに入れる」「未開封の封筒を開ける」「書類をファイリングする」……という感じです。

このように、確実に達成できるところまで課題を細分化し続けます。実は、思うように行動できるかどうかは、行動する力が問題ではありません。脳に、自分がその課題を取り組んでいる姿を予測させることが重要で、その予測が詳細になればなるほど、行動できる確率は上がります。私たちがトレーニングすべきは、動くことではなく、確実に動けるまで課題を刻むことなのです。

●エラーレス・ラーニングで習慣化

スモールステップで確実に行動できると、脳はその行動を学習します。失敗しないよう低い目標設定をしたこの学習は、「エラーレス・ラーニング」と呼ばれます。私の職業であるリハビリテーションは、人の行動を変えることが使命です。そのリハビリテーションでは、患者さんの脳に、エラーレス・ラーニングをつくる課題設定をすることが基本です。

日本人が昔から教育されてきた学習方法は、試行錯誤、つまり「誤りあり学習」です。できなくても何度も挑戦していれば、いずれできるようになる。この考え方が私たちには染みついているせいか、時間管理においても、先ほどのお悩みのように、できたことがないレベルの課題を設定しては、達成できずに落ち込むということを繰り返してしまいます。

もちろん試行錯誤でも、行動を変えられる人はいますが、その人の脳内では「こうするとこうなるんだ。じゃあ次はこうしてみよう」という実験的思考が展開されています。明確な目標設定と、行動することによって得られる「リアルタイムフィードバック」（これは第3章で詳しくお話しします）は、集中力が高まり時間が短く感じられる条件でもあります。常にこのような思考ができれば良いのですが、よほどの目的意識がないとできることではありません。

この試行錯誤に対抗する方法として登場したのが、エラーレス・ラーニングです。誰でも確実に行動を変えていくことができる方法として、脳の損傷後のリハビリテーションで使われ始めて、現在は、教育分野やスポーツの指導にも使われています。

9ブロックでスモールステップをつくることができれば、自然にエラーレス・ラーニングができます。高すぎる目標を細分化し、もっと手前の段階で、現在確実に達成できる目標を選ぶ。それが達成できたら、次の段階の目標を選ぶ。一見、高い目標に飛ぶには面倒なプロセスに感じますが、エラーレス・ラーニングを繰り返していけば、結果的に、高い目標に早く到達できます。

脳にとっては、予測と実際のギャップが少ないので、脳内時間もゆがみにくく、エネルギーの消費も抑えられるのです。

脳をスイッチ!

8:やるべきことが渋滞してしまったときは9ブロックタスクでビンゴをつくる。

9:9ブロックができなかったら、さらに課題を細分化してクリアのハードルを下げる。

思い通りに行動を切り替える方法

●隙間の時間に別のことを始めない

「まだ少し時間がある」と、片付けなど他のことを始めてしまう。これは、時間が守れない人によく見られる行動です。脳内時間が高速化したことによって生まれた時間枠に、その時間では終わらない作業を割り当てて情報量が急に増えると、脳内時間は低速化して時計時間がどんどん過ぎて、約束の時間に間に合わなくなってしまいます。

時間が守れない人は、隙間時間に「ゴールがない作業」を選ぶ傾向があります。ネットでの調べ物を始めてしまうと、ゴールがないので作業を区切ることができず、時間を費やしてしまいます。一方で、時間が守れる人は、1通のメールを出す、といったゴールが明確な作業を選択しています。メールの返信ややることのリストアップ、スケジュールの確認のほか、文書や資料を作っていたら、それらのファイルを保存するときに「修正版」「改定」などとつけるのではなく、vol.1、vol.2とナンバーをつけていつでも区切れるようにしておくのもコツです。

やり始めた作業を中断できずに遅刻してしまうと、行動を素早く切り替える力が低い、と悩む人は多いものです。しかし、行動を切り替える力をつけるより、隙間時間ができたときに選ぶ作業を決めておく方が、簡単で確実に時間の超過を防ぐことができます。ここからは、意図的に作業を組み込むことで、脳内時間をコントロールする方法を見ていきましょう。

お悩み相談

通勤経路には2回の電車乗り換えと3回の大きな信号があります。乗り換えや信号がスムーズなときは45分で到着するのですが、運悪く電車待ちや信号待ちに全部引っかかってしまったり、電車の遅延が出たりすると、1時間かかることもあります。ですが、そうした不確定要素を逆算に入れるのが苦手で、いつも始業

45分前に家を出るので、5～10分の遅刻が多くなってしまいます。

●不確定な未来を予測する力

社外での打ち合わせや出張では、いつもと違う状況なので、待ち合わせに間に合うかどうか、担当者はどんな人か、持ち出す資料はどれを選択するか、と不確定な要素が多くなります。そうした不確定な未来が予測されている状況では、過去に体験したトラブルを振り返り、同じようなトラブルが起こった場合を想定して準備をするのではないでしょうか。

一方で、毎日の通勤のために、前日の夜にトラブルへの準備をしておこう、とは普通は考えないと思います。例えばこれが、社会人1年目で初出勤のときならば、時間通りに出勤することだけでも十分不確定な要素が大きかったはずです。時間通りに会社に到着するということ自体にとても高い価値があるので、前日から交通トラブルも視野に入れて準備をするでしょう。当日に、時間通りに会社に着くことができたら、「よし！時間通りに着けたぞ」と達成感を得ることができ、脳も価値の高い報酬が得られます。

脳は、一度、不確定な要素が多い中で目的の報酬が得られると、報酬を得られる確率が高い行動だと判定します。何か新しいことを学習するときは、初期の段階では、報酬が得られる確率が高い課題ほど、その課題に強い注意が向けられます。「昨日と同じように行動すれば、また報酬が得られる」と、味をしめるのです。ところが、学習が進んでいくと、確実に報酬が得られる課題よりも報酬が得られるかどうかが不確定な課題に注意が引きつけられるようになります。

社会人生活に慣れてくると、出勤するというような確実な報酬には注意が向かなくなります。家を出る前に「ちょっとまだ時間があるから、ネットで気になっていた物を買っちゃえるかも」と、ふと思いついたとしたら、時間がない中でも大きな成果を上げられる可能性のあるネットショッピングという不確定な報酬に強い注意が向けられてしまいます。

これは、「新規連合学習理論」と呼ばれています。不確定な事態への情報処理を主に担っているのは、前頭葉の眼窩野《がんかや》だと考えられています。眼窩野は、行動や脳内の情報の抑制に関与している部位です。複数ある選択肢から、注意すべきでないものを抑制し、望ましい選択ができるようにしています。ただし、脳内で行われる無意識な活動なので、自分が望ましいと思っている情報や行動が選択されるとは限りません。そこで、メタ認知で脳に望ましい選択をさせる状況をつくる必要があるのです。

では、注意を向けさせたいことに、不確定な要素を加えてみましょう。例えば、始業前の30分に数人で小規模な勉強会をする、オンラインで学習する、近くのカフェで30分好きな小説を読むなど、気にはなっていたけれど時間がなくてなかなかできなかったことをやる時間をつくってみましょう。勉強会のように他の人も巻き込むことができれば、より時間を守る動機ができますし、1人でやることでも気になっていたことが進められると、気持ちよく仕事に向かえるはずです。

不確定な要素が加わると、脳の注意は、時間に間に合うように会社に着くことに引きつけられます。脳の注意を引きつけてしまえば、前日の夜に「明日は勉強会だった」などと思い出し、早めに出発できるように準備できるようになります。

脳をスイッチ!

10：隙間時間に行う作業は「ゴールが明確に分かる」ことを選ぶ。

11：通勤時間の遅刻を防ぐには始業前に30分間の勉強会を入れるなど、不確定要素を追加する。

●課題設定で脳の注意を操る

脳が強い注意を向ける「不確定」には、条件があります。それは、まったく状況が読めない完全な不確定ではなく、50%は結果が予測できるけれど、残り50%は不確定という設定です。この設定は、脳が新しい行動を学習できる課題設定の条件で、「発達の最近接領域《さいきんせつりょういき》」と呼ばれています。

学習の過程によって、未来への予測は不確定なものから確実なものへと変化します。新人の頃は、出勤時間に間に合うことの不確定な度合いは、90%あったとします。脳は不確定な要素が大きすぎると、それに強い注意が奪われます。朝起きること、身支度を整えること、電車に乗ることにも緊張して、会社にたどり着くまで、ずっと張り詰めている状態です。この強い注意力で課題が達成できるのですが、この状態は多くのエネルギーを消費します。不確定な状態が長く続くと、脳が疲弊してしまい、不確定なことにストレスを感じるようになります。

ただ、年月が経って通勤を重ねていると、何曜日の朝が起きづらいか、どこの駅が乗り換えやすいかなど、確定できる情報が増えていき、不確定な度合いは50%程度になります。この時期は、仕事に対するほどよい緊張感もあり、余裕も出てきて周囲が見えるようになっています。最もやる気が出ている状況です。

さらに年月が経過すると、遅刻したときの記憶も追加されていきます。遅刻することと自体も不確定なものから確定できる状況になっていくと、遅刻することへの注意は低下していきます。不確定な度合いは10％程度になると、主観的には退屈して、他に不確定な報酬がないかを探すようになります。「何か面白いことないかな」という感じです。

このように、脳は学習しながら未来を確定していき、それによって課題への注意が強くなり過ぎないように調整しています。これも、脳が持つ省エネ戦略と言えます。この仕組みをうまく利用しましょう。自分の行動を変えたいときには、50％の不確定な要素を加えれば、脳は進んでその課題をやろうとするのです。

●脳の配線を変えて習慣を操る

発達の最近接領域は、脳内に新しいネットワークをつくるプロセスとして欠かせません。私たちリハビリテーションの専門職は、患者さんの脳機能の回復を図るときに、何らかの課題を設定して実行していただきますが、その課題は、不確定要素を常に50％に設定します。

動かない手を動かすときに、まずは肘や手首といった1つの関節を動かすことから始め、それができたら2つの関節の動きが必要な動作を、それができたらその動きで物を押さえる動作を、そして動かなかった手で物を押さえながら、動く手で作業をする両手の動作をする、というように、確実にできることに1つだけ要素を足して50%の不確定をつくります。

もし、私たちが2つ以上の不確定要素を足した設定ミスをしてしまうと、患者さんの体はたちまち動かなくなります。多すぎる不確定要素は、脳の働きを滞らせてしまうのです。

もうお気づきだと思いますが、発達の最近接領域をつくるために課題を細分化するのが、スモールステップの設定であり、この設定で学習効率が高まるのがエラーレス・ラーニングです。

このとき、脳内では神経の配線が変わっています。神経細胞から新しい神経線維を伸ばし、今まで接続されていなかった神経細胞へのルートを開拓するのは、大きなエネルギーを要します。その負担を減らすために、既存のルートが選択されることでつくられるのが、私たちのクセや習慣、考え方や性格です。

それらが望ましくない場合、大きなエネルギーをかけてルートを開拓しなければなりません。開拓するルートが多ければ、それだけ大きなエネルギーを要しますが、既存のルートに別の既存のルートを接続して、新しいパターンをつくれば、コストを少なくすることができます。50％は既知の課題に50％の未知を加えるのは、ローリスク・ハイリターンの成長戦略なのです。

開拓されたルートが頻繁に使われれば、いつも通りのルートになり、別のルートを使うよりもコストが少ないので主要なルートに格上げされます。これで習慣が変わるのです。始業前30分の勉強会が設定されれば、新しい行動パターンを学習している初期の段階には、そのことへ注意は引きつけられて、脳内ではルートが使われる頻度が高まります。勉強会が定例になると、また別の不確定要素へ注意が奪われますが、そのタイミングで参加メンバーが変わったり、勉強会でまとめたことを発表したり、SNSで情報発信するという要素が1つ加えられると、また注意が高まります。

このように、先回りして50％の新規課題を用意して、脳の習慣を誘導すれば、習慣化を操ることができるのです。

●チャレンジするときは引き算、安定しているときは足し算

発達の最近接領域は、日々の課題への集中にも役立てられます。

例えば、新しい部署に配属になるなど、新しいことにチェレンジするときは、張り切って気分が上がるので、この機会に習い事やジムに通ったり、洋服を一新したいという気持ちになることがあると思います。

ただ、ここで新しいことに手をつけてしまうと、脳は不確定な要素が50％以上になり、予測が立ちにくいことでストレスを感じます。クライアントへ提案に行ったのに提案資料を忘れた、相手の意見を聞くはずが自分ばかりしゃべり過ぎてしまったといった、普段は絶対にやらないようなミスをしてしまうことがあります。

何かにチャレンジするときには、不確定な要素への対策にエネルギーを集中できるように、その他の行動は極力ルーティーンにしてみましょう。起床時間や朝食のメニュー、選ぶ洋服の色や持ち物を同じにするだけで、脳は行動を選択するエネルギーを節約することができます。

反対に、慣れて余裕が出てきたら、新しい課題を加えてみましょう。退屈になってきた

ところで、先ほどの例のように30分早く出勤するパターンを試してみたり、洋服を変えたり、自転車で通勤してみるなど不確定な要素が追加されると、脳はそれに強い注意を向けます。脳に与える課題の足し算、引き算が上手にできると、張り切り過ぎて視野が狭くなることややる気が起こらなくなることが防がれ、常に目の前の課題を成長につなげることができます。

脳に与える課題を「情報量」だと考えると、課題設定によって脳内時間が伸縮することが分かるでしょう。発達の最近接領域は、不要な脳内時間の伸縮が防がれて、課題への集中と時間配分のバランスが最もとれた設定です。日々の中で脳内時間を操っていきましょう。

脳をスイッチ！

12：クセや習慣を変えるには、50％の新規課題をつくる。

13：新しいことに挑戦しているときは、それ以上新規課題を追加しない。退屈になったら50％の課題を追加する。

タイミングよく予定を思い出す方法

●時間を守れる人は頻繁に未来のことについて考える

さて、時間を守るには、その予定自体を忘れずに覚えていることも大切です。予定を忘れない人は、頻繁に予定のことを思考していることが明らかになっています。

予定を思い出す力に関する実験があります。6日後の自分で選んだ時間に、実験者に電話をかけるという課題が設けられました。この6日間は日誌を持ち歩いていて、電話をかけることについてふと思い出したら、日誌に思い出した時間と場所を記録するように求められました。

実験の結果は、実験参加者によって実際に電話をかけたタイミングに差があり、時間通りに電話をかけられた人もいれば、8時間以上遅れて電話をかけた人もいました。そして予定通りの時間に電話をかけられた人と、予定より遅れてしまった人には、予定を思い出す頻度に差がありました。

本来の予定時刻前後10分以内に電話をかけることができた人は、10分以上遅れた人に比べて、ふと予定を思い出す頻度が高かったのです。特に当日は頻繁に思い出していた傾向がありました。

このふと思い出すことには、2つの意味があると考えられています。1つは、予定の記憶に頻繁にアクセスされることで記憶が活性化されて思い出しやすくなることです。

もう1つは、予定を思い出すたびに、予定の不明な点に気が付き、不明点を埋めようと情報を補うことです。「午後に打ち合わせがあって……あれ？ 13時からだっけ13時30分からだっけ？ 調べておこうかな」と、思い出すたびに不明点が補われて予定の記憶が詳細になっていきます。

●予定が入った日に予定についてイメージする

時間が守れる人のやり方を、意図的に真似ることができれば、予定を思い出す力を高めることができます。先ほどの実験を詳しく見ると、時間が守れる人と守れない人は、予定が入った時点から差がありました。

実験参加者に、予定をふと思い出したタイミングを記録してもらうと、予定が入った初日と2日目は、時間が守れた人も守れなかった人もどちらも高い率を示していました。しかし、時間が守れた人は守れなかった人より1・5倍多く、2日目には2倍、思い出す回数が多かったのです。そこから一旦、思い出す率は低下して、予定当日に再び思い出す率が上がるという傾向は両者とも同じでしたが、予定前日も当日も、両者の差は5倍に開いていました。

このことから、予定を忘れないための準備は予定が入った初日から始まっていて、この初日の準備の差が、当日に大きな差として表れることが分かります。時間が守れる人は、予定が入った時点で6日後にその予定を遂行するイメージをすでにつくっています。

これは、真似ることができる技術です。予定が入ったら、その日のうちにその予定にどのように臨むのかをできるだけ高頻度で思い出すようにしてみましょう。予定が入ったらスマホに入力して、前日にアラートを出すように設定するという人もいると思います。

ただし、この方法はすっかり予定を忘れて準備のないところにアラートが鳴り、急に割りこんできた情報にその日の予定が乱されてしまうので、脳に負担がかかります。脳は目の前の課題を「やめる」ように抑制しながら、割りこんできた予定を遂行するために行動をうまく切り替えなければなりません。アラートはあくまでも保険という位置づけにして、脳に準備状態をつくることを優先させましょう。

未来の予定を高頻度で思い出すために、ぜひ、インプットよりアウトプットに重点を置きましょう。手帳に予定を書いて、それを眺めるというだけではなく、人に話したり、手帳にその前後の行動の流れを追記したり、当日にどういう順番で行動すればよいかを朝からイメージするのです。このように複数の方法でアウトプットしておくと、あいまいな未来が少しずつ補強されていき、明確な予定の記憶になっていきます。

●展望記憶力を高める

予定を覚えて、一旦脳内にストックして、しかるべきタイミングで思い出す記憶のことを、「展望記憶」と言います。展望記憶には、2つの要素があります。「今日は何かあったはず」と予定があったことを思い出すことは、「存在想起」と呼ばれます。さらに「電話をかけることになっていたけどいつまでだっけ？」と予定がある日程より内容を思い出すことは、「内容想起」と呼ばれます。この2つは、大脳の中で担当している部位が異なると考えられています。存在想起は行動の計画を立てる前頭葉が、内容想起は記憶を司る側頭葉が、それぞれ担当しています。

6日後に電話をかけるという予定の場合は、「6日後に何かある」と覚える方が覚えやすい人と、「電話をかけることになっている」と覚える方が覚えやすい人がいます。私たちは、無意識でどちらかの覚え方を優位に使っています。

●脳のタイプ別記憶法

この展望記憶を強化するために、展望記憶が障害された人のリハビリテーションの場面を参考にしてみましょう。

前頭葉や側頭葉が損傷されると、展望記憶がうまく機能しなくなることがあります。この展望記憶のリハビリテーションでは、どの時間に何の用事があったのかを思い出す訓練をします。

例えば、5つの予定をつくり、それを予定時間とセットで覚えてもらいます。次に、朝8時から夜8時までを30分ずつに区切り、各時刻を示すアナログ時計を5秒ずつ見せて、その時間にやるべきことがあるか、あるならばそれは何かを答える、という方法です。この方法を、前頭葉損傷の患者さんと側頭葉損傷の患者さんに実行してもらった臨床研究が行われています。

この研究の結果では、前頭葉が損傷された患者さんと側頭葉が損傷された患者さんとでは展望記憶の改善の仕方が異なっていたという研究結果が出ました。

前頭葉が損傷された人は、訓練をしていくと「その時間にやるべきことがある」という存在想起ではなく、「何をする予定だった」という内容想起の成績が上がりました。逆に側頭葉が損傷された人は、内容想起より存在想起の成績が上がりました。つまり、損傷されていない部位が担当している能力が向上したのです。

この結果から、自分が無意識に使っている覚え方をさらに強化することが、展望記憶の向上に役立つということが分かります。

さて、自分の強みを活かすために、展望記憶を使う際のタイプ別の特徴を整理してみましょう。

「この時間に何かあったはず。何だっけ?」と思い出すことが多い、前頭葉型(存在想起型)の人は、予定を管理するときに、まず何時から何時までに作業するかを決めて内容を書く傾向があります。例えば、「10時に駅ビルのカフェで○○会社の鈴木さんと打ち合わせ」という予定が入ったときに、頭の中では、「今日は10時に駅ビルのカフェだ。……で、誰に会うんだっけ?」というように、予定のタイミング↓内容、という順番で思い出すはずです。手帳を見てみてください。時間が先、内容が後という順番で書き込まれているのではないでしょうか。

一方、「これをするんだった。いつまでだっけ?」と思い出すことが多い、側頭葉型(内容想起型)の人の予定管理は、まず内容を書き入れると思います。期限は、「今日中」「今週中」というように書かれることが多いです。先ほどの鈴木さんとの打ち合わせを思い出す場合は、「今日は鈴木さんに会って細かい話を詰める予定だ。えっと、9時だったか10時だったか……」と、内容↓日時という順番で思い出すはずです。手帳には、会う人の名前やイベント内容が先、時間が後という順番で書き込まれていませんか?

側頭葉型
これをするんだった!
いつまでだっけ?
5 MAY
22
22 鈴木さんと打ち合わせ 10:00〜
前頭葉型
この時間、何か予定があったはず
何だっけ…?
5 MAY
22
22 10:00〜 鈴木さんと打ち合わせ
意識的に覚えましょう!

これはどちらが良い悪いということはありませんが、両者とも後に記憶していることが抜け落ちがちです。前頭葉型は内容が抜け落ちるので、時間には間に合うけれど、相手に会ったり打ち合わせが始まってから徐々に何を話すのかを思い出します。側頭葉型は時間が抜け落ちるので、打ち合わせの準備はできているけれど待ち合わせに遅刻してしまう。こんなトラブルが生じやすいのです。

そこで、予定が入ったら、必ず後にくる情報を意識的に覚えるようにしましょう。

前頭葉型:「10時に鈴木さんと打ち合わせ」
側頭葉型:「鈴木さんと10時に打ち合わせ」

手帳に書くときに後にくる情報に◯をつけたり、後にくる情報を声に出して覚えてみると、記憶の抜け落ちを防ぐことができます。

●前頭葉型は量を、側頭葉型は質を重視する

実はこの展望記憶のタイプの違いは、仕事の仕方に大きく影響します。前頭葉型の人が仕事で重視することは、量とタイミングです。その日にやるべきことが5つあるとしたら、使える時間は3つの枠しかないから、1つ目の時間枠である9時から10時に一気に2つ済ませて、移動中に1つ、15時に帰社したらすぐ2つ片付ければ終えられます。期限を設けるときも、1週間後までにやるとは考えず、来週月曜日が締切だから今週の水曜日に8割つくっておく。こんな感じで、ピンポイントで予定を組み込みます。どれだけの量をタイミングよくこなせたかということが、仕事ができたことの評価ポイントなのです。

側頭葉型の人が仕事で重視するのは、質と順番です。5つのやるべきことがあったら、まずこれをしてからこれをして、その間に時間があるからこれを済ませておく。会議が終わったらこれをして、最後にこれをやれば全部できる。やるべきことのリストがあり、それぞれが「常時やるべきこと」「今日中」「今週中」「今月中」というジャンル別に分けて

あり、期限が迫っているものから順番に取り組みます。作業の質と、順番通りにこなせたかが、評価のポイントです。

両者の間には、たびたび意見の食い違いが起こることがあります。以前、ビジネスセミナーでこんな場面がありました。講師が「すべての仕事に締切を設けること。これが大事です」と話したら、参加者の1人が「締め切りのない仕事なんてあり得ない！そもそも締切を設けていないなんて仕事への危機意識が足りない！」と反論されました。

この講師は側頭葉型で、常時やるべきことに一向に手がつけられなかったり、1つの作業をし始めたらさらにやることが見つかって、それをやっていたら次の作業に移行できなかったという経験があり、それを解決するために、どんな些細な作業でも締切を設けるという方法を編み出したのでしょう。ところが、前頭葉型の人にとっては、締切というタイミングを先に設定するのが常なので、そんなのは当たり前だと感じたのです。

また、側頭葉型の人が1つずつしか片付けられていなかった作業を、ある日、前頭葉型の人が代わりにやったところ3つも片付けられました。前頭葉型の人は誇らしそうに報告しましたが、点検すると作業には不備があり、結局やり直すことになってしまったのです。側頭葉型の人は「ただやればいいというわけじゃない」と怒るという場面もよくあります。両者の「量」と「質」という評価基準の違いが露呈したのです。

●行動を変えて苦手を克服する

自分のタイプの評価基準を理解して、締切や待ち合わせに間に合う対策をとることが大切ですが、そのとき必ず抵抗する考えが生まれます。

前頭葉型の人は、10時から11時の1時間はこれだけをやる、とタイミングを決めると作業を完了できるのですが、それが提案されると「その時間に1つのことしかしないのは効率が悪い」「他にもたくさんやらなければならないことがある」「それだけに時間を割くことはできない」という考えが浮かびます。しかし、現実にはたくさんやらなければならないことの1つも完了できなかった、という結果になりがちです。

量の評価を重視するあまり、1つも終わっていないという事態になったら、1つの作業しかしない時間をつくり、その他の作業をブロックしてみましょう。

側頭葉型の人は、作業の順番を変えれば1つの作業は完了できるのですが、「それを先にやると後で修正しなければいけなくなる」「その順番では落ち着いて作業ができない」

という考えが浮かびます。

質の評価を重視しすぎて作業が進まなかったら、1つの作業だけ順番を変えてみましょう。54ページの、ゴールがない作業を最初にやるという方法も、側頭葉型の人にとっては抵抗がありつつも、解決策になり得ます。

抵抗する考えが浮かぶのは、自分の評価基準があるからです。抵抗することを前提にして、脳に1日だけ新しいパターンをつくることができると、先ほどお話しした習慣化のプロセスであっさり行動は変わります。まずは動いて脳の配線を変えてみる。これが、自己否定や罪悪感というややこしい展開を防ぐコツです。

脳をスイッチ!

14:予定が入ったその日のうちに、その予定を遂行するときのイメージをする。

15:手帳に書いた予定は、後にくる情報を意識的に覚える。

第2章

生活習慣を操り、時間管理能力を向上させる!

時間をコントロールするには、生体リズムのコントロールは外せない

日常の時間をコントロールするには、私たち生物にもともと備わっている生体リズムを知り、それをうまく利用することが欠かせません。生物にとって生体リズムは根本的な仕組みですが、毎日の生活で自覚しにくく、変化を見るにも長期的な視点が必要なため、これまであまり意識的に扱われることはなかったかもしれません。

この章では、私たちが生物であることに立ち返り、その基礎となる時間管理の方法を改めて習得していきましょう。

生体リズムを日常的に最も自覚しやすいのは、睡眠です。睡眠の悩みを解決していきながら、生体リズムを知り、それに従うことで、ただ生活しているだけで無意識的にパフォーマンスが上がっていく仕組みをつくってみましょう。

思い通りの時間に起きる方法

●スヌーズを使うほど起きられなくなる!?

「もう少し早起きできれば、余裕を持って生活できるのに」と思いつつも、なかなか早起きできない……。

そんな場合には、脳がもともと持っている、起きる仕組みをうまく利用しましょう。

早起きが難しい人は、起きる時間のリミットの30分前や1時間前に目覚まし時計をセットして、そこから5分ごとに目覚ましが鳴る、スヌーズ機能を使う方法をとりがちです。

実は、スヌーズ機能を使うほど、目覚めが悪くなるということが実験で明らかになっています。スヌーズ機能は、目覚めのゴールがずるずると後ろにずれていくので、脳にとってはどの時間に合わせて起床すればよいのかが分かりにくいのです。

脳は、起床する3時間前から起床準備を始めています。血圧を上げるコルチゾールが、普段の起床3時間前から分泌され始めて、起床1時間前になると急激に増加し、起きられる脳をつくります。

コルチゾールは、時間に依存するホルモンです。起床時間が常に同じであれば、同じタイミングから準備が始まり、タイミングよくゴールに到達することができます。これは、ゴールの時間が明確になっているから可能な働きで、スヌーズ機能でゴールがずらされるとタイミングが合わなくなってしまいます。

脳にとって、起床とは重力方向が変わることです。ベッドで横になっているときは、脳は地面に対して水平になりますが、起き上がると垂直になります。重力によって、体内の水分（もちろん血液も）は足元に下がりますが、それに逆らって血液を脳に吸い上げなければなりません。これがとても大変なことで、脳に血流を届けるために、起床の3時間前から準備をしているのです。

しかし、スヌーズ機能によってゴールがずれると、血圧は、上昇と低下を繰り返し、「もう起きなければまずい！」というリミットで起き上がったときに急激に上昇します。

急激に脳に血流が集まると頭が痛くなったり、脳に血流を奪われて他の臓器に配分される血流が少なくなり、気持ちが悪くなることがあります。

脳にとっては、ギリギリの時間まで粘って眠ることは、かえって負担なのです。

●実際に起きた時間に目覚ましをかける

脳にかかる負担を避けつつ、早起き生活に変える方法があります。それは、実際に起きた時間に目覚ましをかけるという方法です。

例えば、本当は6時に起きたいのに7時30分に起床しているという場合は、7時30分に目覚ましをかけます。そして、就寝するときに「7時30分に起きる」と、頭の中で3回唱えます。これは、「何時に起きる」と言語化されるとその時間帯に分泌のピークが合いやすくなるというコルチゾールの性質を利用した、「自己覚醒法」という方法です。

すると翌朝は、7時30分より少し前の、7時25分ごろに目が覚めます。これができたら、その夜は7時25分に目覚ましをかけて自己覚醒法を試みます。すると、翌朝は7時10分ごろに目覚める。これを繰り返していくと、段々と起きられる時間が早くなり、目的の時間に起きられたら、その時間で固定します。

自分が何時に起きたいという希望ではなく、実際に脳が睡眠という作業を終えて目覚めの作業ができた時間に合わせると、目覚めが早くなるのです。前日は7時10分に起きられたのに、翌朝は7時30分になってしまったということがあっても慌てずに、夜には7時30分に目覚ましをかけます。あくまでも、希望ではなく、事実に合わせて淡々と行うことが、成功の秘訣です。

実際に起きた時間に目覚ましをかけて、もし起きられなかったらと思うと怖いと心配な人は、休日を使って試してみてください。例えば金曜日の夜に、その朝に実際に起きた時間に目覚ましをかけて自己覚醒法を試します。意外に起きられた、という体験ができれば、平日にも反映させていけるはずです。

お悩み相談

もともと早起きは苦手な方なのですが、冬は特に起きられません。目覚ましが鳴って目は覚めても、寒いと布団から出たくないし、外もうす暗いのでまたうとうとしてしまいます。世間一般でも「布団が恋しい季節」とか言われるし、自分だけではないと思うと救われるけど、実際には早く出勤してバリバリ仕事をしている人もいるし、そんな人たちは根本的につくりが違うのかと嫉妬してしまいます。

●深部体温リズムを使って朝起きる

気温が低くなる冬は朝が起きづらく、気温が高い夏には、朝の早い時間帯から目覚めてしまうことがあります。これには、睡眠を司るリズムの1つである「深部体温リズム」が関係しています。

深部体温とは、内臓の温度のことです。一般的に体温計で測っているのは表面体温。それに対して深部体温は、直腸でしか測ることができません。表面体温と深部体温は、お互いがバランスをとるように働いています。体の表面が熱くなり表面体温が上がると、汗をかいて放熱することで深部体温が上昇することを防ぎます。寒くなって表面体温が下がると、鳥肌を立てて蓄熱することで深部体温が低下するのを防ぎます。このように、表面体温は深部体温を維持するためのセンサーのような役割を担っています。

なぜ、深部体温を維持する必要があるか、というと、生物にとって深部体温が上昇し過ぎたり低下し過ぎることは、危機状態に当たるからです。深部体温が上昇し過ぎれば、細胞は分裂が起こり過ぎてエネルギーが著しく消費されてしまいます。低下し過ぎれば、細胞分裂が起こらず、新しくエネルギーがつくられなくなってしまいます。表面体温は、環境の変化に合わせて、私たちが生きるのに最適な深部体温をつくっているのです。

その深部体温には、1日を通して上昇したり低下するリズムがあります。起床から11時間後に深部体温は最高になり、起床から22時間後に最低になります。6時起床の生活の場合は、夕方の17時が最高体温で最もパフォーマンスが高く、朝方の4時が最もパフォーマンスが低く起きていられない時間帯です。表面体温が調整している目標である深部体温が時間によって変化しているのです。

さて、この仕組みを踏まえて、寒い朝に起きられない問題を考えてみます。朝は、深部体温が上昇し始めています。朝方寒く、室温が低ければ、それだけ深部体温は上昇しにくくなります。スッキリ起きるためには、深部体温の上昇が必要なので、起床する時間よりも早くから室内を温めて、深部体温が上昇しやすいようにすればよいということになります。そこで、タイマーを使って、起床1時間前から暖房で室温を上げてみましょう。

起床後にも、深部体温が上げられると朝のパフォーマンスは上がります。起床したらまず温かい飲み物を飲みましょう。温かい飲み物で内臓を直接温めることができれば、深部体温は上がりやすくなります。朝にシャワーを浴びる場合は、血管の通り道になっているところにシャワーを当ててみましょう。首、わきの下、腰、足首にシャワーを当てると、血管を温めることができます。血管が温まれば血液の温度が上がるので、その血液が内臓を巡ることで深部体温は上がります。

筋肉は発熱する器官なので、朝に運動をすることでも深部体温は上がります。ただし、心肺機能には負担がかかるので、温かい飲み物などで深部体温を上げてからランニングなどで体を動かし始めて、体温をソフトに上昇させましょう。

脳をスイッチ！

16：実際に起きた時間に目覚ましをかける。
17：起床1時間前から暖房で室温を上げる。
18：起床後、まず温かいものを飲む。
19：朝のシャワーは、首、わきの下、腰、足首を温める。

●深部体温の急低下で深く眠る

深部体温が低下することは、生物としての活動が低下することに当たります。速やかに低下させることで、睡眠の質を向上させることができます。眠り始めに、深部体温を効率よく下げる方法を試してみましょう。

①眠る1時間前に入浴する

入浴をすることで、表面体温、深部体温は上昇します。それに伴い、汗をかくことで放熱して深部体温を下げるように調整機能が働きます。入浴直後は、まだ調整が間に合っていないので深部体温が高くなっています。ですから、このタイミングで就寝すると、寝つきが悪くなります。

夜、帰宅が遅くなって、明日の朝は早起きしなければならない場合、急いで入浴して急いで就寝することがあると思いますが、そんなときはなかなか寝つけないはずです。これは、まだ深部体温が高い時間帯であることが原因です。

もし、入浴時間が遅くなってしまったら、就寝時間を30分から1時間遅らせてみましょう。睡眠時間を削る感じがしますが、最初の段階で深い睡眠が得られないと、朝まで深い睡眠は出現しません。入浴後に、頭の上や足の裏から放熱されて、深部体温が下がるタイミングで就寝すれば、最初の睡眠を深くすることができます。

②足首を温める

眠る前には、足首を温めることが大切です。足首には、脛骨《けいこつ》動脈という太い血管があり、この場所が温められると血液の温度が上がります。血液の温度が上がると、足の裏から皮膚を通じて熱を逃がし、血液の温度を下げるように働きます。温度が下がった血液が内臓を巡ると深部体温が下がるので、最初の睡眠を深くすることができます。

③耳から上の頭を冷やす

眠るときに、保冷剤や冷凍したタオルを使って、耳から上の頭を冷やしてみましょう。耳から上の位置が、大脳がある位置です。大脳の周囲に張り巡らされている血管を冷やすと、血液が冷えて大脳の温度を下げることができます。大脳の温度が下がると、活動が低下して、速やかに入眠しやすくなります。
もし、眠る前にスマホやPCなど画面を見る習慣がある場合は、眠る前に頭を冷やしてみましょう。大脳は、画面を見ると温度が上がります。大脳も内臓なので、大脳の温度が上がるということは、深部体温が上がるということです。温度を上げてから眠れば、当然、睡眠の質が悪くなります。眠る前の習慣はなかなか変えられないものなので、画面を見て温度を上げた分、頭を冷やして帳尻を合わせてみましょう。
冬は、保冷剤では冷たすぎて冷気で肩まで冷えてしまうかもしれません。タオルに2、3回霧吹きをして冷凍庫に入れて冷たくするだけでも十分です。逆に、夏は保冷剤くらい冷たい方が効果を実感しやすくなります。

脳をスイッチ!

20：眠る1時間前に入浴する。
21：眠る前に足首を温める。
22：眠る前にスマホやPCの画面を見たら、頭を冷やす。

睡眠時間をコントロールする

●眠り過ぎの解決策は

「休日になると夕方過ぎまで眠っています。これって病気でしょうか……」

こんな相談を受けることがあります。長時間眠り過ぎる場合、病気を疑う前にまず試していただきたいことがあります。それは、絶対に起きている時間帯を伸ばすことです。

睡眠の記録をつけてみると、絶対に起きている時間を見つけることができます。睡眠を記録する、neru note™（ネルノート）は、こちらからトライアルシートをダウンロードできます。

http://nerunote.com/trialsheet/

記入した記録の分析方法もサイトで学べるので、ぜひ、お役立てください。

まずは1週間記録をしてみて、1週間のうちで絶対に起きている時間帯を見つけましょう。どんなに長時間睡眠でも、大抵19時から21時は起きていることが多いものです。

この場合、絶対に起きている時間は2時間あります。この絶対に覚醒している時間を2時間より3時間にするというように、少しでも起きている時間を引き伸ばすことが最初の目標です。

平日は7時起きなのに、週に一度、休みの日になると夜まで眠ってしまう。そんな場合は、3時間ごとに目覚めていることが多いです。

2回目の目覚めが10時。3回目が13時。4回目が16時。5回目が19時。この場合は、最初の目標は4回目の目覚めで睡眠を終えることです。最長でも16時で睡眠は終わり、というように睡眠の限界を決めて時間帯をブロックします。この睡眠終了のタイミングは、自分で決めることが大切です。

16時に起きられたら、19時まで眠っていた場合とどちらが体調が良いかを比較してみましょう。16時に起きた方が頭がスッキリしていたり、体が軽いということであれば、次の

週も16時までには起きるようにします。

16時に起きることが苦も無くできるようになったら、次は3回目の目覚めのタイミングで起きるようにしてみましょう。13時にはいつも起きられるようになり、20時に眠ることがあれば、絶対に覚醒している時間は7時間です。最低7時間の覚醒時間をつくることができれば、自然に覚醒時間が増えていき、不用意な長時間睡眠は消失していきます。

絶対に起きている時間帯が長くなると、睡眠時間が少なくなりますが、その方がかえって疲れがとれやすいということに気づくと思います。

絶対に覚醒している時間帯が長くつくられていけば、絶対眠っている時間帯である、睡眠の「コアタイム」も決まってきます。絶対に覚醒している時間帯が7時間以上あり、絶対に眠っている時間帯である睡眠のコアタイムを5時間以上つくることができれば、夜間はぐっすり眠り、日中の眠気は軽減していきます。

●なぜ、週末に寝だめをしているのに平日は昼間眠いのか

会議中に意識が飛んでいるときがある、帰宅中の電車で乗り過ごしてしまう……、睡眠

時間は結構確保しているはずなのに、昼間の眠気があるという場合は、睡眠の「コアタイム」が短くなっているのかもしれません。

左の図は、neru note™に記入された睡眠の記録です。

眠っていた時間が塗りつぶしてあって、ベッドに入っていた時間には矢印が引いてあります。眠気を感じている時間帯には、斜線が引いてあります。

この図のように、普段は6時に起床していて、休みの前には夜更かしをする日があって、休みの朝は寝だめをしているとします。

この場合、最も就寝が遅くなった日が3時就寝で、最も早く起床した日が6時起床なので、睡眠のコアタイムは3時から6時の3時間です。コアタイムが短いほど、睡眠と覚醒の差が少なくなります。すると、眠ってはいけない時間帯に眠くなったり、眠るべき時間帯に目が冴えてしまうという不具合が起こります。

これでは昼間に眠くなってしまいます。平日の睡眠不足を一発で解消しようと週末に寝だめをしても、コアタイムが増えなければ昼間の眠気は減りません。

コアタイムを長くする

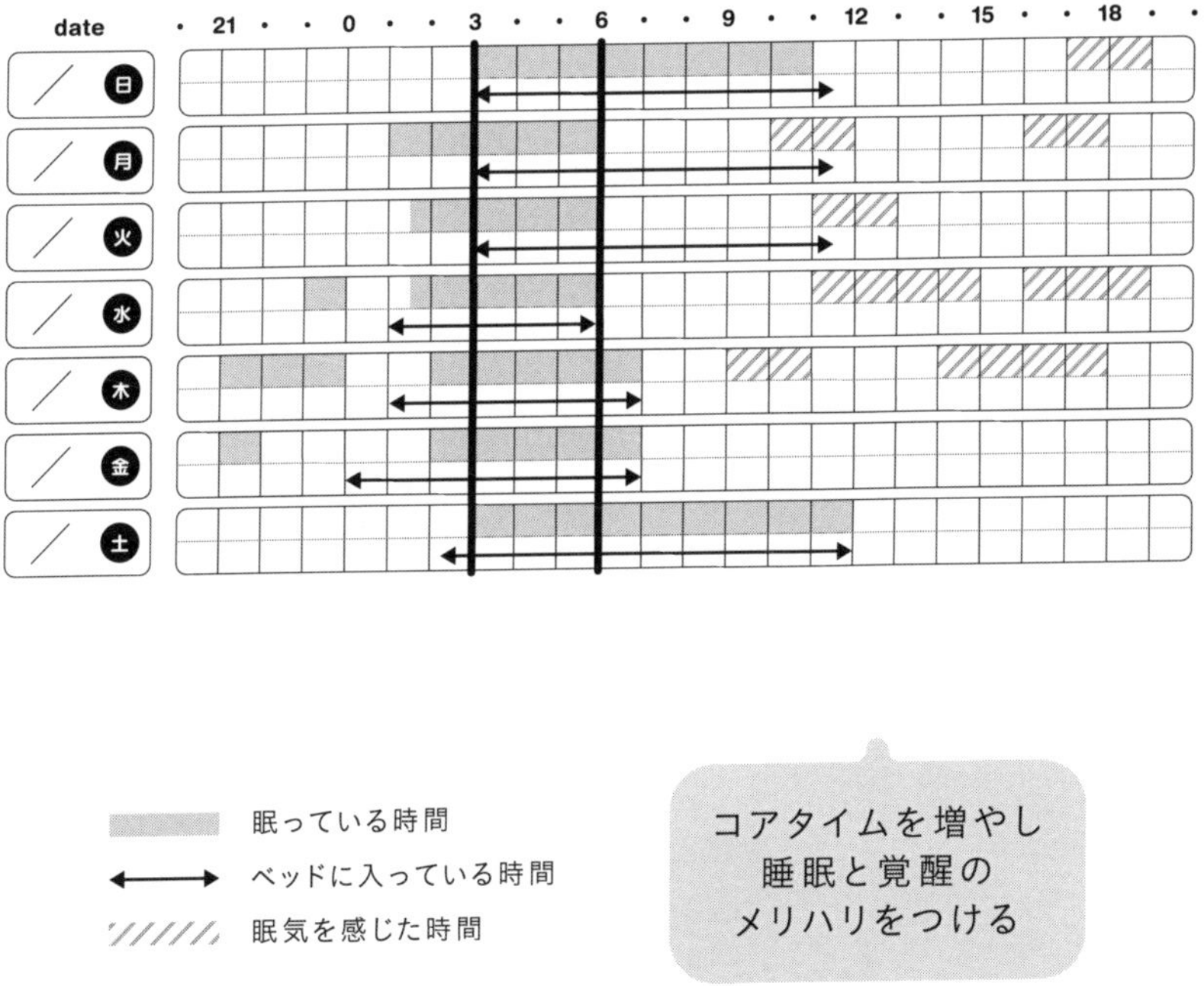
date
21
0
3
6
9
12
15
18
日
月
火
水
木
金
土
眠っている時間
ベッドに入っている時間
眠気を感じた時間
コアタイムを増やし
睡眠と覚醒の
メリハリをつける

コアタイムを少しでも伸ばすことができれば、それだけ生体リズムが固定されて、睡眠と覚醒のメリハリがつき、昼間の眠気は減ります。週末に寝だめをして起床を遅らせても、頭や体がスッキリするよりも余計にだるくなったり、頭痛になることもあると思います。そのような場合には睡眠不足解消の考え方を変えて、週末の寝だめではなく、コアタイムを増やすことを選んでみてはいかがでしょうか。

先ほどの場合は、休みの前に夜更かしをしても2時までに眠っていれば、コアタイムは4時間です。このように考えて、コアタイムを数分でも伸ばしていけば、昼間の不用意な眠気を減らすことができます。コアタイムを増やしていくと、1日を通して全然眠くない時間帯があることに気づくと思います。

夕方の眠気がなくなり、午前中の眠気がなくなり、昼過ぎの時間帯にだけ眠いというリズムになったら、生体リズムが整ったサインです。

●午後の眠気にも意味がある

私たちの脳は、1日に2回必ず眠くなるリズムがあり、それは、「睡眠－覚醒リズム」と呼ばれています。このリズムをつくっているのは、アデノシンなどの睡眠物質で、人間が「疲れたら眠る」という仕組みを司っています。

脳が眠くなるのは、起床から8時間後と22時間後です。22時間後は、先ほどの深部体温が最低になる時間帯と重なります。「睡眠－覚醒リズム」においても、この時間帯は起きていられない時間なのです。

起床から8時間後、6時起床ならば14時の眠気が、私たちの日中の仕事に影響します。夜の時間帯に眠る必要性は分かりますが、脳はなぜ、昼の時間帯にも眠くなるリズムを持っているのでしょうか。その理由は、いまだに不明なのですが、脳が自身の働きを向上させるために、積極的に眠ろうとしているという知見が出てきています。

そもそも脳が眠くなるというのは、神経細胞と神経細胞の間で情報を伝達するタンパク質のリン酸化が、脳の活動限界を知らせている状態です。まだ情報が届けられていないタンパク質は静かにしていますが、情報が届けられるとタンパク質にリン酸基が追加されてリン酸化します。これでタンパク質の形が変わり、隣のタンパク質をリン酸化することができます。リン酸化したタンパク質がまた隣のタンパク質をリン酸化して情報を伝達していきます。

このリン酸化が時間を数えるタイマーのような機能を果たしていて、一定の時間になると活動が限界になります。これが眠くなった状態です。そこで眠ると、リン酸化がリセットされ、また情報を伝達することができるようになるという仕組みであると考えられています。

私たちは、午後の時間帯に「集中したいのに眠い」と感じますが、脳にとってはハーフタイムのような感じなのかもしれません。午後の眠気を、後半戦に向けて作戦を立てる時間としてとらえ直してみて、第3章でお話しする「計画仮眠」を使ってみましょう。

●睡眠アプリの活用方法

最近は、スマホやウェアラブル端末で、睡眠のデータを記録している人も多くなっています。ただ、今まで睡眠のデータをうまく活かしている人に出会ったことがありません。複数の睡眠データを使って、「こっちでは深睡眠が50%と出ているのですが、こっちでは20%と出ていて、どっちが本当なのでしょうか」と聞かれることさえあります。

私は、生体データをビジネス化することについて、様々な企業から相談を受けるのですが、「膨大なデータがあるのですが、これを何かに使えないでしょうか」という相談がほとんどです。データは、あるだけでは役に立ちません。取得する目的は行動の質を向上させることであって、振り回されたり、デバイスへの不信感のもとになるのは本末転倒です。

もし、睡眠データをとっているとしたら、1日の睡眠のデータは生体リズムを整えるのにそれほど利用価値はありません。それよりも、2週間や1か月という長いスパンでデータを並べてみてください。1週間以上のデータを並べる画面を開くと、自分が1週間のうちで絶対に眠っている時間帯である、コアタイムが見つけられます。

コアタイムが見つかったら、できるだけそのコアタイムを伸ばすように生活リズムをつくってみましょう。コアタイムを伸ばし始めたら、ぜひ、日常生活でパフォーマンスを測れる基準を使って、自分のパフォーマンスの変化を比較してみましょう。やみくもに週末に寝だめするより、コアタイムを伸ばす方がパフォーマンスが向上していることがデータから分かれば、根拠ある最適な行動として採用しようと思えるはずです。

脳を
スイッチ！

23：睡眠の記録をつけ、絶対に起きている時間帯を見つけて、伸ばす。

睡眠の質を向上させる

●夜になっても眠気を感じない場合は

実は、私たちの大脳は、1週間で眠気に慣れてしまいます。大脳が眠気を感じなくなってしまうことが示された実験があります。

この実験では参加者に、画面にシグナルが出たらできるだけ早くボタンを押すという課題を14日間行ってもらいます。参加者は4つのグループに分けられて、それぞれ夜にベッドに入る時間数が決められています。ベッドに入らず徹夜、4時間、6時間、8時間というグループです。

実験の結果は、どのグループも同じように、日を追うごとに反応が鈍く、誤りが多くなっていく傾向が見られました。徹夜グループが最も成績の悪化が激しく、睡眠時間が長いほど成績の悪化が緩やかでした。このことから、睡眠時間が長いほどミスが少ないということが示されました。「それはそうだろう」と思いますよね。睡眠不足になれば、課題の成績が悪くなる、ということは想像しやすいと思います。

この実験で興味深いのは、課題を行ったときに「どのくらい眠いか」という眠気の度合いを答えてもらったことです。その結果は、徹夜グループは課題開始から1日目、2日目、3日目と日を追うごとに眠気が増していきました。しかし、4時間以上眠っているグループは、最初の1週間は眠気が強くなっていくのですが、それ以降は眠気の強さは一定になりました。

これは、パフォーマンスは低下しているのに大脳が眠気に慣れてしまい、それ以上睡眠が削られないと眠気を感じなくなっているということです。

仕事の繁忙期などで、1週間くらい毎日就寝が1時間遅れることは誰しも経験があると思います。その忙しい時期が終わったときのことを思い出してみてください。もう忙しくないはずなのに、帰宅後に時間に余裕がある感じがして、同じ時間まで起きているという行動をとったのではないでしょうか。

大脳は、省エネ戦略として行動をパターン化しますが、これが裏目に出ると、余裕があっても就寝が遅くなるのがパターン化されてしまいます。

大脳は眠気に慣れてしまっても、何らかの眠気のサインを出しています。目の奥が重くなる、テレビの音がうるさく感じる、唾液がサラサラになる、同じことをぐるぐる考える、体がかゆくなるなど、些細なサインを見つけて、そのサインが出たら脳が眠いのだと意識してみましょう。

眠気のサインを自己認識しつつ、朝は目覚めたら窓から1m以内で日の光を浴び、夕方には体を動かして深部体温を上げることを実行してみると、2週間程度であくびが出る日が多くなります。さらに、次の2週間ではあくびが出る日が増えていきます。こうなれば、眠くなったら就寝するということができるようになります。

●睡眠時間のサイクルは90分とは限らない

21世紀は「生体リズムの時代」と言われますが、より短い時間で高い成果を出すのが今の時代では求められています。意図的に就寝を遅らせて大脳を眠気に慣れさせていけば、睡眠時間は短くて済むようになり、活動時間を伸ばすことはできます。この考え方から睡

同じことを
ぐるぐる
考える
だえきが
サラサラになる
目の奥が重い
んー
実はこれ、
眠気のサイン
体がかゆくなる
TV
テレビの音が
うるさく感じる

眠時間を短くすることを目指す人もいるのですが、その場合、先ほどお話しした、大脳が再び眠気を感知できるようにする術も同時に身につけるようにしていただいています。

私たちは、睡眠中に意識がないので、眠っている間は脳がどのようなことをしているのか自覚することは難しいのです。そのため、睡眠に対して睡眠中に脳が行った作業の成果を評価するより、一律に時間数だけで評価してしまうことが多いのです。

睡眠時間を評価するときによく用いられるのが、90分リズムです。睡眠には、90分の周期があり、そのサイクルが終わる時間帯に目覚めれば、目覚めがスッキリするという考え方です。90分サイクルが3回確保できる4時間半睡眠をやるために、6時起床だから1時30分に眠る。このような考え方では、ただ単に大脳の眠気の感度を鈍麻させてパフォーマンスの正しい評価ができなくなってしまうだけです。

脳は、意味を持って時間をゆがめていますが、睡眠中にも、時間の流れを表す周期を変化させています。90分周期とは、ただの平均値なので、すべての人が90分であるわけではありません。また、同じ人が毎日同じ時間の周期で眠っているわけでもありません。その日によって、睡眠の周期は変化します。

例えば、新しいことを学習した日は、脳に入力された新規情報が多く、睡眠中に神経の配線を変えたり、不要な神経を消去するなどの情報処理作業が増えます。すると、普段より周期は長くなり、110分や130分などになります。

また、昼間にショックな出来事を体験したとします。脳は、そのショックな出来事の記憶を定着させないように、記憶を定着させる役割を持つ深い睡眠をつくらないようにします。すると、寝ついたら20~30分で起きてしまったり、1時間ごとに目が覚めるなど、周期が短くなります。これは自覚的には睡眠が乱れていますが、脳が不要な記憶を消去してもとの状態に戻ろうとしている作業です。

昼間の出来事に合わせて、脳は自身を最適な状態にするために、時間の周期をゆがめているのです。この脳の調整作業を無駄にしないためにも、90分を逆算して就寝時間を決めることは控えましょう。起床時間はできるだけ毎日同じにし、夜に眠くなる脳をつくり、眠くなったら就寝する。このように自然なリズムをつくっておき、そのリズムに合わせるのがよいでしょう。睡眠中の作業の生産性を高めることは、そのまま昼間の生産性を高めることに当たります。

● 眠る前にリッチな時間を過ごす

睡眠時間を削る人もいれば、どうせ眠るのだから、その睡眠の回復力を最大化しようと考える人もいます。睡眠の回復力を高めようとする人で、眠る前に座禅やマインドフルネス、ヨガをしている人もいます。社会全体の睡眠への意識が高まっている中で、このような傾向は強まってきています。

睡眠の質は、睡眠中の血圧の低下や呼吸数、心拍数の低下の度合いで評価されます。眠る前までスマホで動画を観て寝落ちするように眠ることもできますが、この睡眠では、血圧が高く保たれ、心拍、呼吸が速いままになってしまいます。長時間眠ったとしても、朝は体がだるく疲れがとれない感じがします。

仕事が忙しくなり帰宅が遅くなると、激しく頭を使った後でも、帰宅後にすぐに眠らないと睡眠時間が確保できないということがあると思います。そんなときに、就寝前の10〜15分を座禅やマインドフルネスに充ててみましょう。座禅やマインドフルネス後には、血圧の低下など体の自律反応の休息が観察されるので、同じ睡眠時間数でも睡眠の質が向上し、翌朝は回復したと実感しやすくなります。起床時の心拍数を比較すると、平常時より15〜20回少なくなり、体が休まっていたことが分かります。

座禅やマインドフルネスを実行しているときには、脳内時間も変化します。心地よい時間が流れると感じますが、このとき、脳も時間をゆっくり知覚していると考えられています。

座禅の奥深さは、簡単に習得できるものではありませんが、マインドフルネスは誰でも実践できるようにメソッド化されています。姿勢を安定させて、自分の呼吸を観察し、雑念が浮かぶたびに「雑念」とラベリングして呼吸の観察へ意識を戻すということを繰り返していると、普段とは違う時間を過ごすことができます。

座禅を実践している人は、座禅時には、筋肉の無駄な緊張がなく、呼吸はゆっくりで酸素消費量が少なく、脳波はアルファ波が増加します。一方で、外部からの刺激に対する反応時間は早まっていて、感覚が遮断されているわけでもなく、過敏になっているわけでもなく、根源的に身体が覚醒している状態になっています。

座禅の修行者ではなく、一般の人が座禅をした場合、このような生理的な変化が得られなくても、時間の知覚は変化します。主観的な時間はゆっくりと長く感じられて、どのくらい時間が経ったかを問われると、実際の時間経過よりも短く答えます。このような時間知覚は、座禅だけでなく、マインドフルネスやヨガなどでも観察されています。

眠る前にスマホで動画を観ていると、あっという間に時間が過ぎていたということを体験しますが、この場合は主観的な時間がゆっくり流れているように感じているわけではなく、動画に注意を奪われて時間感覚を失った状態です。

外部からの刺激に注意が奪われて時間を失うのではなく、内部の感覚に耳を澄ますことで時間という概念から解き放たれる。そんな感覚を味わうことは、目まぐるしい毎日を送る現代の私たちに必要な習慣だと言えそうです。

脳をスイッチ！

24・寝る前の10～15分はマインドフルネスや座禅をする。

昼夜逆転、乱れた生活時間を立て直すには

お悩み相談

平日は締切や納期、残業禁止に追われて忙しく働いているので「休みの日だけは時間から解放されたい！」と、好きなときに食べて好きなときに寝る生活をしています。そうすると、どうしても土日は昼夜が逆転。朝方4時頃に寝て13時くらいまでダラダラと寝てしまいます。

また、朝4時まで起きていれば時間がたっぷりある感じがするのに、何をしていたのかほとんど覚えていないんです。ダラダラと寝ていても、スッキリ気分が晴れることはないし、時間を無駄にしているような気がしているのですが、なかなか改善できません。

●ダラダラする日を意図的につくる

眠ることくらい時間に追われたくない。休みの前日くらいはダラダラしたい。という相談をされたときは、まず、ダラダラ日を意図的につくってもらいます。生体リズムを扱うには、「なんとなくそうなった」という状態を最も避けなければなりません。

なんとなく横になっていたり、なんとなくうとうとしてしまうと、起きた後もボーっとしたり、調子が悪くなります。横になったり眠ったりすると脳波がゆっくりとした波長になりますが、目覚めればすぐにその脳波が変化するわけではなく、しばらくゆっくりした波長が続きます。これが、起きた後の不調の原因です。前の休日に13時に起きたのならば、「13時に起きる」と決めて朝方に眠れば、脳波は速やかに変化し、ボーっとする時間は短く済みます。

生体リズムをコントロールするのに最も優先すべきことは、心地よい時間を過ごすことです。早寝をすることをプレッシャーに感じたり、ダラダラしたことで罪悪感を抱いたら、その行為が生活の質の向上に役立ってはいません。生体リズムを整えることは、人生の目標ではなく、あくまでも手段です。仕組みを知った上で、意図的にずらしたならば意図的に整えられる技術を身につけましょう。

● 起床から4時間以内に光を見る

生体リズムを自由に操るには、「深部体温リズム」と「睡眠－覚醒リズム」、そして「メラトニンリズム」の3つのリズムを使いこなす必要があります。

メラトニンは、1日の長さを決めている物質です。網膜に集中しているメラノプシンという受容体が光を感知すると、目の奥の辺りにある視交叉上核《しこうさじょうかく》が松果体《しょうかたい》という部位にメラトニン分泌を止めるように指令を出します。メラトニン分泌が止まると、そこから新しい1日のリズムがスタートします。そして、その16時間後にメラトニンが増えて眠くなります。このタイミングで部屋が暗くなっていると、メラトニンは急増し、私たちは強い眠気を自覚して入眠します。

メラトニンは、明るくなったら目覚めて暗くなったら眠るというリズムを司っています。光によって、メラトニンの分泌が止まるのに有効な時間帯は、普段の起床時間から4時間以内です。つまり普段6時起床の場合、10時までです。メラノプシンの光への感受性は、普段の起床直後が最も高く、時間が経過するほど感受性は低くなっていきます。起床4時間を超えると、網膜に光を届けてもスッキリ目覚めて夜に眠くなるというリズムにはなりにくいのです。

そして、夜になったところで、部屋の明るさが、天井の隅まできれいに見える500ルクス程度になっていると、メラトニンの分泌が通常の半分以下になるので、強い眠気も起こらず、起きていようと思えば起きていられます。

つまり、朝になっても部屋の中で過ごしていて、夜になっても室内が明るければ、生体リズムは時間の流れの方向にずれていき、昼夜逆転になります。メラトニンリズムは、網膜に光を当てるか暗くするかによって影響を受けるので、深部体温リズム、睡眠―覚醒リズムに比べて、簡単にずれる特徴があります。

この仕組みをうまく利用すると、休日はダラダラしつつも、生体リズムのズレは防ぐことができます。「時間から解放されたい」という希望は、眠らなければいけない、朝起きなければいけないということから解放されたいということなので、それは自由にしつつ、脳がつくるリズムだけキープするのです。

休日にも平日の起床時間に目覚めることがあると思います。そのときに、カーテンを開けるか、あらかじめ就寝時にカーテンを少し開けておきます。もし、ベッドの頭側を窓から1m以内に移動することができるならば、そうしてカーテンを少し開けて眠ります。朝に頭が窓際1m以内に入っていれば、目を閉じていてもメラトニン分泌は、少ないながらも減らすことができます。

そして夜は、部屋全体を明るくせず、自分がいる場所や作業をする場所だけ明るくしてみましょう。スマホを使ったり読書をする場合、デスクライトを使うならば、頭の上から照明を当てるのではなく、照明を低くして、目の下から手元を照らし、網膜に直接光が入らないようにしましょう。

朝は明るく、夜は暗いという環境だけつくったら、あとは自由にダラダラしましょう。

この方法をとってもらった方の睡眠の記録が次のページの図です。

30歳代の男性で、平日は7時に起床し、休日は13時まで寝だめをするという生活サイクルでした。ベッドの位置を窓際にしてカーテンを開けることだけやっていただいたところ、週末ごとに少しずつ起床が早まり、4週目は、もう少し眠ろうとしているのに二度寝で眠れなくなってきています。そして8週目には、休日も7時に起床しています。

本人に2週間後にお会いしたときには、「朝二度寝が利かなくなってきました」と本当はもっと眠りたいのに眠れないという不満をお話しされていました。ところが、さらに1

2か月で休日に平日と同じ時間に起床した例

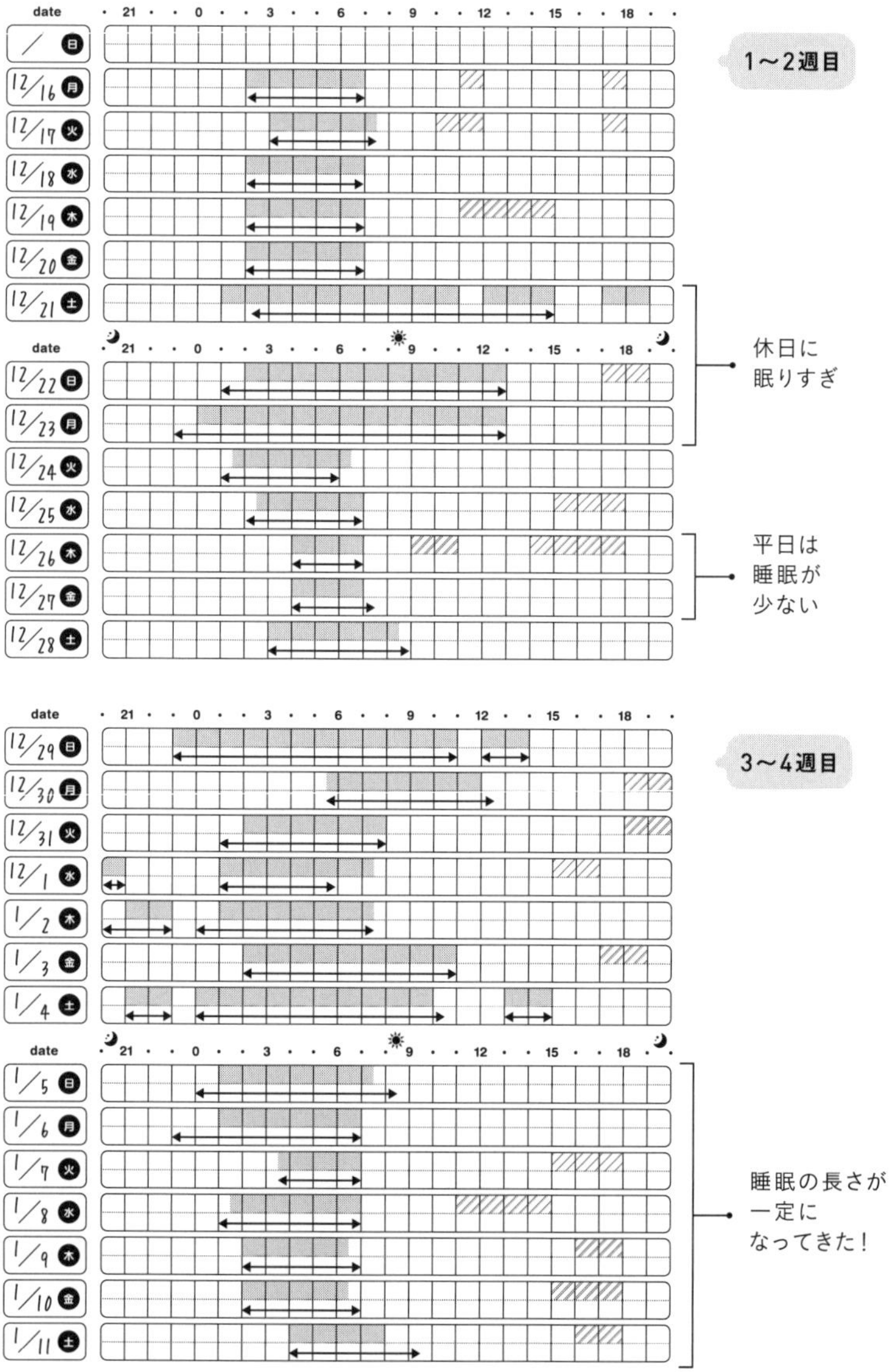

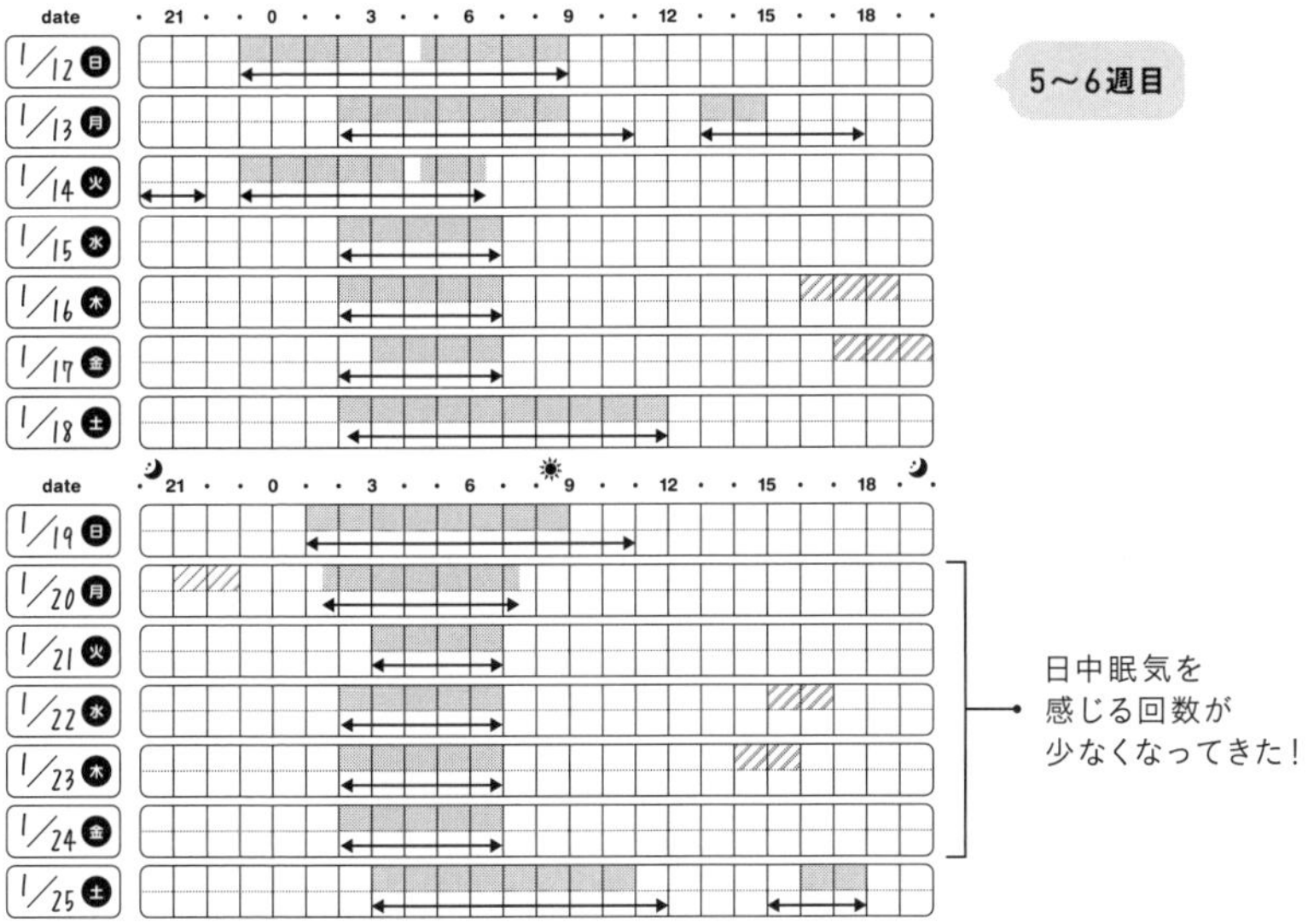
date
21 0 3 6 9 12 15 18
1/12 日
1/13 月
1/14 火
1/15 水
1/16 木
1/17 金
1/18 土
1/19 日
1/20 月
1/21 火
1/22 水
1/23 木
1/24 金
1/25 土
5〜6週目
日中眠気を
感じる回数が
少なくなってきた！

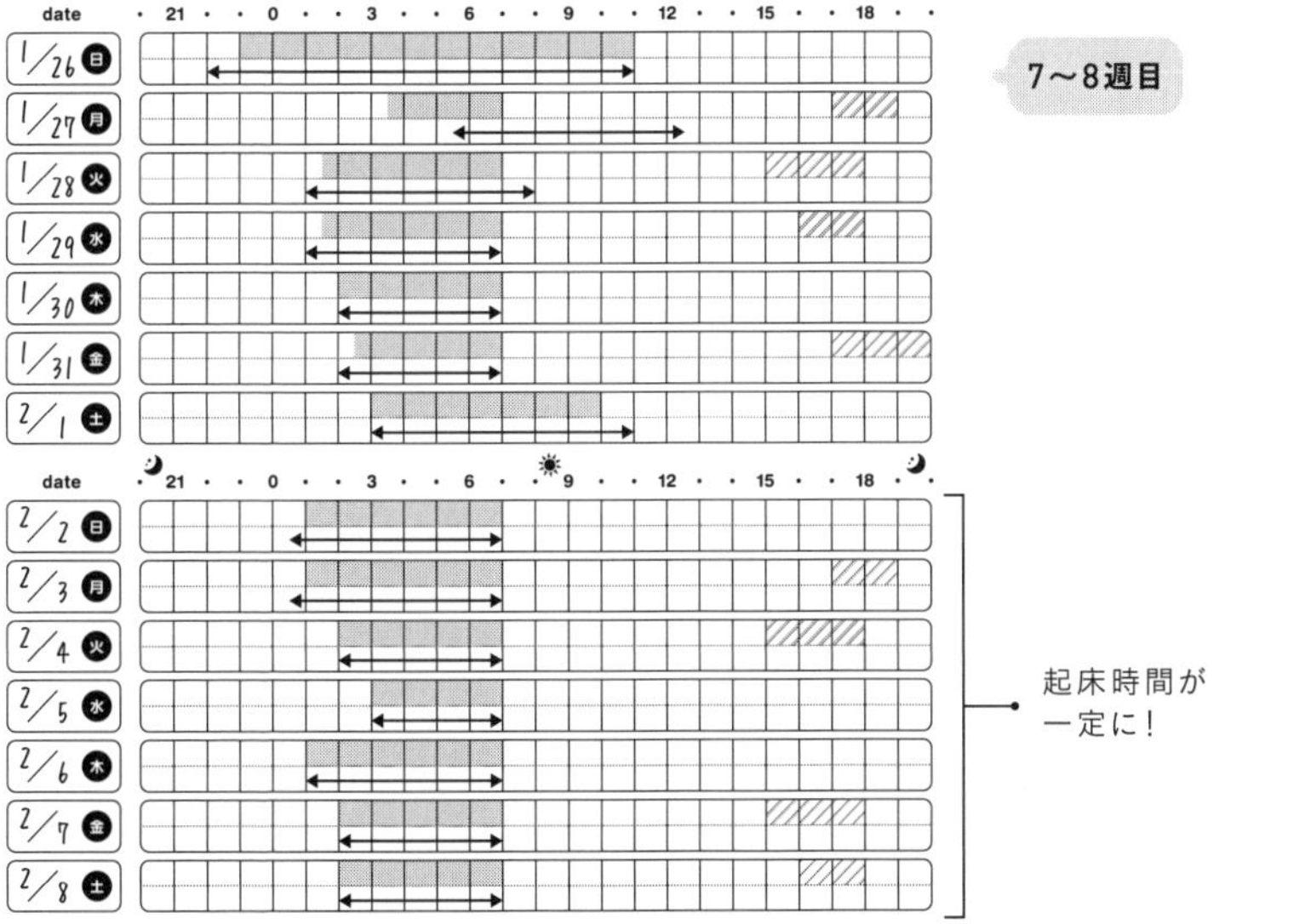
date
21 0 3 6 9 12 15 18
1/26 日
1/27 月
1/28 火
1/29 水
1/30 木
1/31 金
2/1 土
2/2 日
2/3 月
2/4 火
2/5 水
2/6 木
2/7 金
2/8 土
7〜8週目
起床時間が
一定に！

か月後にお会いすると、「休日は朝から起きています。その方が気持ちいいので」と、以前からそうしていたかのようにお話しされました。睡眠の記憶は覚えていないので、生理的なリズムが整ってしまうと、以前からそうしていたような気分になるものです。
休日もアクティブに過ごそう！とか、頑張って起きよう！と気合を入れるよりも、ただ淡々と生体リズムを整えた方が、結果的に早く問題が解決します。

脳をスイッチ！

25：起床から4時間以内に太陽の光を浴びる。
26：夜はなるべく暗くして、デスクやスマホのライトは直接目に入らないようにする。

生体リズムに合わせるとパフォーマンスが上がる

1日周期で繰り返すリズムは、「サーカディアン（サーカ：およそ、ディアン：日）リズム」と呼ばれます。深部体温リズムや1日に2回眠くなる睡眠－覚醒リズムは、サーカディアンリズムとして私たちの昼間の活動と夜の睡眠をつくっています。生体リズムには、1日よりも長いリズムもあります。女性の月経周期は、およそ1か月のリズムであるサーカルーナリズムとして、日常的に自覚しやすいリズムです。

生体リズムに従うと、パフォーマンスが高まるということは、スポーツの分野を例にすると分かりやすいです。陸上や水泳などの個人競技では、夕方から夜のレースで世界記録が出ています。一般の人でも、朝と夕方の握力を比べると、夕方の方が握力が高くなります。

もともと深部体温が高い時間帯に運動をすれば、それだけ運動パフォーマンスが高まります。それだけではなく、夕方の運動で深部体温が高められると、その夜には急こう配で深部体温が低下し、眠りが深くなり、翌朝のパフォーマンスが上がります。1日のパフォーマンスで完結しているのではなく、生体リズムは常に未来のリズムに影響を与えているのです。

●1週間のリズムを使う

お悩み相談

月曜日の朝イチまでに用意しなければならない会議の資料。金曜日の夜に作業する時間はあったのですが、疲れてしまったので土日でやろうと思い、持ち帰りました。しかし結局、土日には取り掛からず、月曜日の朝に急いで制作しました。調べてまとめようと思っていたことの半分もできなかったので、なんでもっと早く手をつけなかったんだろうと落ち込んでいます。

生体リズムには、1週間の生体リズムもあります。「サーカセプタンリズム」と呼ばれています。私たちは、仕事が始まる月曜日の朝に脳や体に負担を感じることがあります。これは、仕事のストレスが原因だと考えがちですが、実は、生体リズムの影響だということが明らかになっています。

社会生活とは無関係の生活をしている人の血圧を、24時間血圧計で計り続けた研究では、月曜日の朝に決まって血圧が高まる様子が観察されています。また、心筋梗塞や脳卒中の発症は、月曜日の朝に集中しています。生体リズムの影響で、月曜日の朝には脳と体に負担がかかっているのです。

もともと負担が大きい月曜日の朝に、週末から溜まった仕事と週明けからの仕事が重なると、より負担が大きくなってしまいます。ただ、仕事のペースは、自分で好きなように変えることができるはずです。

1週間の終わりが金曜日だと思っていれば、やり残した仕事を翌週に先延ばしすることがあるでしょう。もしこれが、金曜日が1週間の始まりという仕事のペースだったとしたら、どうでしょうか。金曜日の夕方は、翌週月曜日からの仕事に少し手をつけて、全体の見通しを立ててから休日に入れるかもしれません。

生体リズムをうまく扱うには、調子が良いときに調子よくはかどる作業を行い、負担がかかるタイミングではできるだけ負担がかかる作業を避けることが大切です。1週間の始まりは金曜日だと自分の中で位置づけて、翌週の見通しを立てた状態で土日をむかえると、翌月曜日の朝にドタバタすることもなく、スムーズにスタートできます。

この方法をビジネスパーソンの多くが実践しています。彼らは、生体リズムの仕組みを知っているというよりは、経験則からこの方法を編み出しています。しかし、実は理にかなっている方法なのです。ぜひ、試してみてください。

脳をスイッチ！

27：朝のパフォーマンスを上げたいなら、前日の夕方に運動する。

28：1週間の始まりを金曜日にする。

第3章

一定の時間で成果を出す時間管理術！

「予定通り」に時間を確保する

●時間管理能力とは何か

小学生の頃の夏休みの宿題から大学のレポート提出、仕事の書類作成と、私たちの人生につきまとう提出期限。子供の頃の宿題ならば、雑に答えを書いても提出期限までになんとか仕上げればよかったかもしれません。しかし、大人になってからの作業では、作業のクオリティを高めるか、それとも期限を守るのか、ギリギリまで粘り、判断に迷う場面は誰しも経験があると思います。

私たちが提出期限内に作業を仕上げるには、何を優先すべきなのかを明らかにすれば、課題を前にして最適な行動をとることができます。そのために、どのような要素が関係するかを調べた実験があります。

大学生２００名に、２か月半後に提出するレポート課題が出されました。学生には、「何月何日から取り掛かるつもりか」「何時間費やすつもりか」と質問し、終了後にも実際はどうだったのかを質問しました。

結果は、半数以上の学生が「時間管理に失敗した」と回答し、平均は36日前から取り組むはずが23日前から取り組み、29時間かけるつもりが25時間しかかけられなかったというものでした。

しかし、肝心なレポートの成績と時間管理についての関係を分析すると、意外な結果が得られました。実際にレポート作成にかけられた時間数は、レポートの成績とはまったく関係がなかったのです。

レポートの成績が良くなかった原因は次の３つでした。①十分時間がとれないのではないかと思うような計画を立てたこと。②レポートに取り掛かるタイミングが遅かったこと。③最初に予定したレポートにかける時間数を下回らないように、その時間を確保できなかったことです。

●予定通りであることが重要

「もっと時間があれば、資料のクオリティを上げられたのに」と感じることはありますが、実際には多くの時間をかけるほどクオリティが上がるかと言われるとそうでもなかったという経験はないでしょうか。先ほどの実験からは時間数ではなく、無謀な計画を立てずに早めに取り掛かり、予定通り時間を確保することが重要だとわかります。

第一の問題は、現実的には難しい計画を立ててしまうことです。これに対しては、第1章ですでにご紹介した9ブロックタスクを使ってスモールステップで設定することが解決策になるでしょう。

この章では、「早めに取り掛かる」ことと「計画通りに時間を確保する」ことができる方法を見ていきましょう。

お悩み相談

いつも仕事の納期を守れないことが悩みです。例えば、納期が2週間後に設定された仕事があると、逆算して今からやれば余裕で間に合うけれど、余裕があると思うとやる気が出ない。1週間後、そろそろ取り掛からなければ間に合わないけれど、急に飛び込んできた別の仕事を急がなければならず、手がつけられない。納期3日前、今から頑張っても十分なクオリティのものは仕上げられないし、納期が守れず怒られることを思うと気持ちが重くてやる気が出ない……。納期1日前、3日前からダラダラと作業を始めたが、そろそろ間に合わない！と焦って本気で頑張るものの結局納期には1日遅れてしまい、クオリティも自分が納得する形では提出できなかったと後悔することが多いです。

● 7割で相手に見せる

「締切を守る」ことは手段であって、目的ではありません。企画書ならば、良い企画をつくることが目的です。そのために自分の考えられる範囲の企画を提出した後、別の人の脳内で加工されて良い企画になっていく続きがあることを視野に入れましょう。

例えば企画書の作成は、自分と相手の脳をつなげて、良い企画をつくる作業だと位置づけてみましょう。自分が重要だと思っている箇所を詰めても、相手から見ると全然違う箇所が重要だと指摘されることもあるはずです。自分の企画の中で、どの部分が重要なのか焦点化する作業は、早い段階でできるほどロスは少なくなります。重要な点の焦点化には、自分の作業を客観的に振り返るメタ認知が必要ですが、メタ認知を用いなくても簡単に焦点化できるのが、相手の意見をもらうことです。自分の脳で仕事の7割をつくり、あとは相手の脳を使って焦点化するという感覚で作業をしてみましょう。

脳をスイッチ！

29：企画書や書類は7割で提出する。

●先延ばしで展望記憶の容量が減る

やるべきことを覚えて、一旦別の作業をしたのちに、適切なタイミングで思い出す展望記憶。前頭葉型と側頭葉型があると第1章でお話ししました。前頭葉型で優位に行われることは、思考の切り替えです。覚えた後、別の作業に思考を切り替えて、必要なときに再び記憶に接続するのですが、それを再開するまでの間隔が長いほど思考の切り替えが難しくなります。情報にアクセスする神経活動を途切れさせないように維持するのに、エネルギーが消費されるからです。

そもそも展望記憶を成立させるには、たくさんのエネルギーが必要なので、いくつもの展望記憶を使わなければならない状況がつくられると、思い出す成功率は下がってしまいます。

メールが来た画面を見て、そのメールに後で返信しようと、今は手をつけない。封筒を開封して署名と捺印をする書類の提出期限を確認してそのまま封筒にしまう、公共料金の請求書の振り込み期限を確認して置いておく。このような些細な先延ばし行動で、展望記憶課題はどんどん増えてしまいます。脳は、課題を先延ばしするほど疲れてしまうのです。

タイミングよく予定を思い出して時間通りに行動するには、無駄に展望記憶課題をつくらないことが大切です。そのためにやることは簡単です。課題が目に入ったら、その場で手をつけてしまうことです。

そこで先延ばしを防ぐために、すぐに体が動く3つの方法を試してみましょう。

①作業場所を限定する

例えば、書類に署名と捺印をする場所を決めましょう。該当する書類は同じ場所に置き、その場所で署名と捺印をする代わりに、その場所では別の作業をしないようにします。脳は、常に予測をして行動の準備をしています。その予測の要素として使われるのが、「場所」です。脳は、ある場所で行ったことを記憶し、今度その場所に行こうとした時点で、過去の記憶に基づいてその場所で同じ行動をとりやすいように準備します。このフィードフォワードをうまく使えば、体はあっさりと動き、その作業を終えることができます。

ところが、その場所に入力すべきレシートの束や回覧物、3日後の打ち合わせまでに読んでおかなければならない書物が置いてあるとどうでしょう。脳は予測して準備をしてきたにもかかわらず、現地に到着してみるとまるで違う作業の物が置いてあります。これでは混乱してしまい、準備していた作業に取り掛かることができません。

脳は、私たちが行動するたびに、自動的にフィードフォワードを使って未来に向けて準備をします。その準備の通りに作業に取り掛かれることが、最も労力が少ないのです。デスクに書類を置くときには、作業の種類別に分けて、作業が混ざらないように配置してみましょう。それだけで、脳はすんなりと行動できます。

②次の動作に少し重ねて保存する

1つの作業を終えて、「やれやれ。これで休憩」とひと区切りしたとき、休憩から次の作業に戻るのが面倒くさいな……と感じたことはありませんか？ これも、脳に分かりにくい状況をつくってしまったことが原因です。

脳は1つの作業に取り組んでいるとき、その作業の見通しや次にやらなければならないこと、という不確定な未来を確かなものにしようと準備をしています。これからどう行動するのか不確かな状況では、動作を1から組み立てなくてはならないので、たくさんのエネルギーを消費します。そこで、1つ作業を終えたら、次にやることに少しだけ手をつけてから作業を終えましょう。

この対策を、最も体験しやすいのが、夕食後の皿洗いです。夕食を終えて、ソファに座ってひと休みすると、食卓の食器を流しに持っていき、食器を洗って拭いてしまうのが面倒くさくなります。この作業の区切りを変えてみましょう。

食事を終えたら、皿を1枚だけ持って流しへ行き、1枚洗って拭いて食器棚にしまい、そこで休憩してください。脳に、「夕食は皿をしまうところまで」と記憶させるのです。

すると、その後は食器洗いをすることを、それほど面倒くさいとは感じなくなります。「さて、やるか!」と、早めにソファから戻って皿洗いを再開したり、1枚洗ったついでに別の皿まで片付けてしまうこともあります。脳は、次の作業を見せられていると、行動を企画するエネルギーが省けるのですぐに動けるのです。

同様に、仕事の場面でも、書類が出来上がったら使った資料を1枚だけファイリングして休憩する。封筒を開けたら、中の書類の日付や氏名だけ書き入れる。という感じで、つい先延ばしになりがちな作業をつなげてみましょう。

動作の区切りを変えるときも、スモールステップ設定が重要です。1つ作業を終えたらついでに全部終わらせるのではなく、1枚だけ、1か所だけ、という感じで「それなら確実にできる」という設定をするように注意しましょう。

③「〇〇する」とつぶやく

私たちが普段使う言葉は、脳が行動するための指令になっています。やらなければならないことを思い出したとき、「〇〇しなきゃいけないんだった」とつぶやくことがありませんか？「しなきゃいけないんだった」という指令は、脳にとっては、やるのかやらないのかが分かりません。

そこで、しなければならないことを思い出したら、「〇〇する」とつぶやいてみましょう。脳が混乱しないように、分かりやすい言葉で指示するのです。このときの〇〇も、「片付ける」など大きな目標ではなく、具体的な行動にしてみましょう。「本を本棚にしまう」「書類をファイリングする」とスモールステップでつぶやいてみれば、あっさりと行動に移すことができます。

言葉を変えただけで行動が変わることを体験すると、普段の自分が脳に分かりにくい言葉を使っていたことに気が付くと思います。自分が頑張るのではなく、脳が頑張りやすい環境をつくることが重要です。脳に対して、ごまかしたり無理な目標で刺激したりせず、シンプルに付き合っていきましょう。

脳を
スイッチ！

30：作業する場所を限定する。
31：デスクの書類は、作業が混ざらないように置く。
32：作業の終わりに次に行う作業の一部だけやってから終える。
33：しなければならないことを思い出したら「〇〇する」とつぶやく。

効率よくはかどる時間設定とは

●考え事は5分で区切る

いったい脳は、どのくらいの時間、集中することができるのでしょうか。「集中している状態」をどう定義するかによって、私たちの集中力の限界は変わってきますが、いくつか指標となる研究があります。

まずは、脳波を指標とした場合です。集中している状態を、脳波が一定になっている状態と仮に定義します。被検者に脳波計をつけて何かを考えてもらい、その脳波の波形が変化するまでの時間を計った実験では、一定の脳波を維持することができる限界は256秒でした。つまり、約4分半です。私たちが考え事をしたとき、4分半を過ぎると脳内で別の思考が出てくると考えられます。

これを短いと思うでしょうか。例えば、YouTubeの動画を5分間観続けることができるでしょうか。道具の使い方や料理の作り方を観るとして、5分以上の動画を観る場合、途中で動画をスキップする人が多いと思います。

集中力の1つの区切りは、約5分ということで、5分を1単位にしてみましょう。何か考え事をするときは、5分経っても答えが出なければ、一旦切り上げて、別の作業をします。次の予定まで5分あったら、その5分を1つの考え事に使います。このように思考タスクを5分で区切ると、思考することと時間管理を両立させることができます。

●調べ物は15分で切り上げる

別のことを思考するまでの時間を「集中している」と定義した場合の実験を見てみましょう。

典型的な1日を過ごす間に、「未来について思考する」頻度について調査した研究があります。実験参加者に、未来について思考したタイミングを記録してもらったところ、1日に平均して59回の思考をしていました。仮に1日の起きている時間を16時間として、意図しない未来の思考が等間隔で起こったとすると、16分に1回起こっていることになります。

試しに、スマホやPCをネットにつなぎ、何かを調べてみましょう。調べ始めると、画面上に誘導する情報が出たり、関連情報や過去に自分が調べたものの広告が表示されます。それらを無視して目的の情報を調べ続けるとして、15分続けることができるでしょうか。おそらく多くの人は15分あたりが限界で、いつの間にか気になっていた別のことを調べていた、ということを経験したことがあると思います。

何か調べ物をするときは、これもまた切りよく15分を1単位にしてみましょう。15分経っても見つからなかったらさっと切り上げる。または、15分で見つける、と意識的に臨んでみましょう。

● 学習の限界は90分

大学の講義や企業内の研修は、大抵90分を1単位として行われます。私も普段、企業で研修を行う場合、90分で依頼されることが最も多いのです。実際に話をしていても、途中で集中が途切れていたり、別のことを思考しているな、という人がちらほらいますし、トータルで研修内容を理解していただくのは90分が限界だと感じます。2時間の研修だと、雰囲気もどんよりしてきますし、聴講されている社員の方々の表情に明らかに疲労が見てとれます。

90分という単位は、生体リズムとして私たちの生活によく登場します。睡眠の話でも、90分リズムが出てきましたね。のどが渇いたり、喫煙者がたばこを吸いたくなるリズムも90分だと考えられています。そして、私たちの知的作業の限界も90分です。

企業での仕事や家庭での家事は時間割が組まれていませんが、意図的に1つの作業を90分単位で区切ってみましょう。すると、午前中に2つ、午後に3つの作業を行うのが限界ということになります。

あえて90分で区切って、その時間をシングルタスクにすれば、1日5つの仕事を進めることができると考えてみましょう。手をつけたけれど、はかどらないうちに午前中が終わってしまった。または、眠気に耐えながら作業をしていたらもう夕方になっていたということもあるでしょう。それを回避するためにも、時間に対して受け身の姿勢にならず、能動的に時間を区切ってみると、たったそれだけのことでも、1日を終えたときに「今日は頑張ったな」と達成感を得られるはずです。

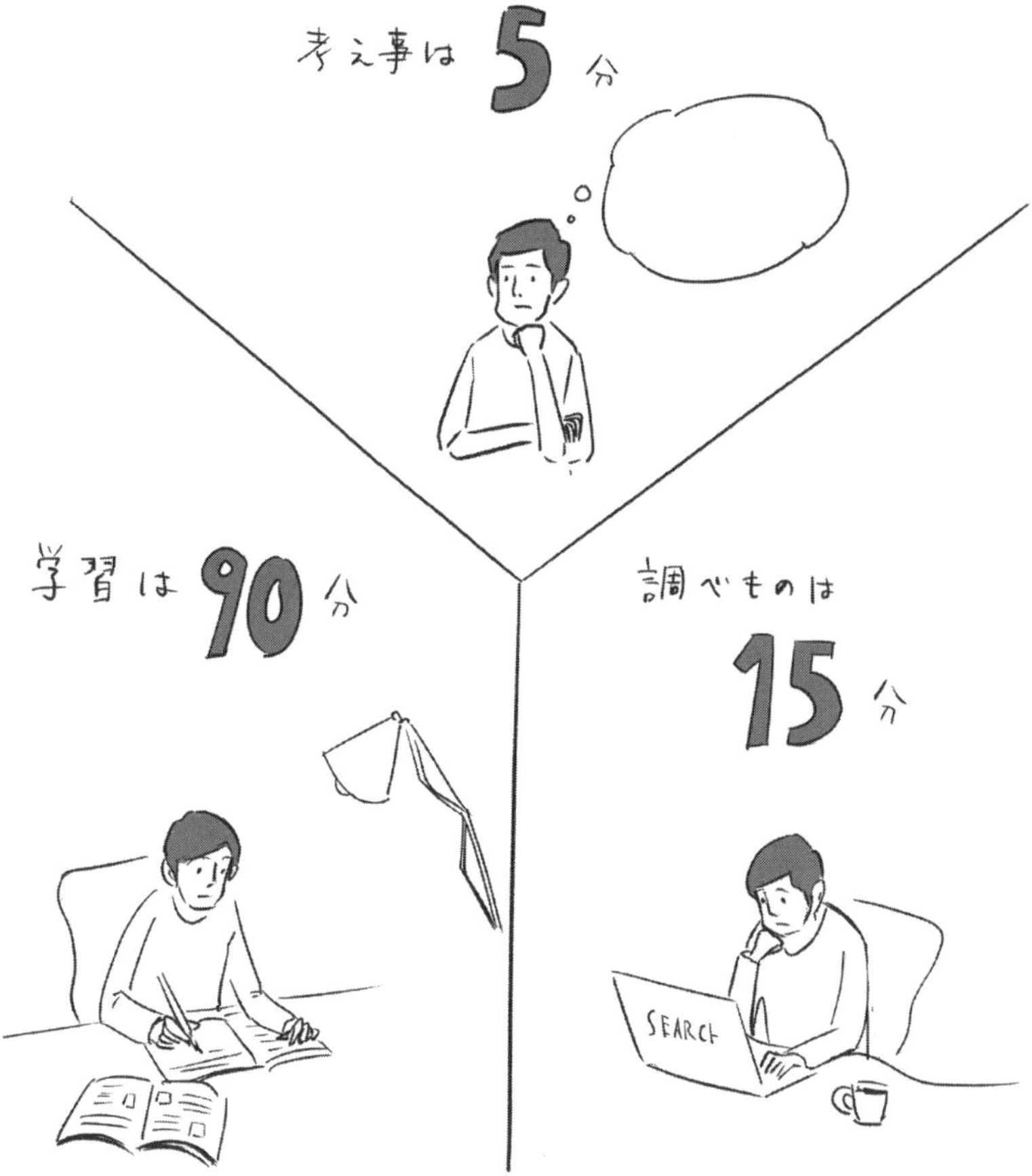
考え事は 5 分
学習は 90 分
調べものは 15 分
SEARCH

脳を
スイッチ！

34：5分単位で考える。
35：15分単位で調べる。
36：90分単位で学習する。
37：時間割が組まれていない作業も、意図的に90分で区切る。

脳の疲労サインをキャッチする

●脳の集中が切れるマイクロサッケード

作業がはかどるには、疲労する前に作業を区切ることが大切です。たとえ時間で区切ることができなくても、疲労し始めた段階で区切れば、それだけ疲労を抑えることができます。

眠気は脳の疲労の基準になります。しかし、実際にあくびが出たり、うとうと居眠りをしていたら、これはもう脳が働いていない状態です。ですから作業全体の生産性を維持するには、もっと前のタイミングで作業の区切りを設ける必要があったことになります。

実は、自覚的に眠気を感じるかなり前から、脳からの眠気のサインは出ています。最初のサインは、眼球が無関係なところにちらちらと動く、「マイクロサッケード」という現象です。サッケードとは、急速眼球運動のこと。私たちの眼球は、何かを見つめているときには止まっているように見えますが、実は物の輪郭をなぞるようにきょろきょろと動いています。この動き自体は、常に無意識に行われていて、私たちが視覚的に物を知覚するための情報を脳に送っています。

このサッケードが、ごく短い瞬間に、見たい物ではない無関係な物に働くのが、マイクロサッケードです。眼球運動を記録するアイレコーダーを使うと記録されるのですが、自覚的には、「周りのものが気になる」「気が散る」という程度の感覚です。ですが、これは無視できない現象で、この時点から脳の覚醒水準は低下して、眠くなっていることが明らかになっています。

作業をし始めて、周囲の物が目に入ったり、通りかかった人が目に入るようになってきたら、そのあたりで開始から何分経過しているかを大まかに測ってみましょう。

マイクロサッケードは、私の研修ではトラックやタクシーなどの職業ドライバーの安全管理に使ってもらっています。「看板が目に入る」「バスの停留所に並んでいる人がなんとなく目に入る」という感覚があったら、脳が眠気を感じているのだとメタ認知し、この後でニアミスが起こりやすいから注意しよう、と構えてもらいます。現場からは、実際に眠気やニアミスが起こってから対策を講じていた頃に比べて、事故を未然に防ぐという意識が高まったと多くの声があります。デスクワークであっても使えるサインなので、集中時間の目安に活用してみましょう。

●「あれ？」と感じるマイクロスリープ

マイクロサッケードが起こっているのに作業をし続けると、次の眠気のサインが出現します。それは、「マイクロスリープ」という現象です。脳の一部に睡眠の脳波が出現する現象で、時間の長さは2～7秒と短く、その間は眠っている自覚はなく、何をしていたかも覚えています。ただし50％以上の確率で、何らかのエラーを起こしています。

例えば、書類を渡されて読んでいるときに、同じ行を2回読んでしまったということがありませんか？　目で文字を追っているはずなのに、文字が頭に入ってこない感じです。または、パソコン操作中にキーの打ち間違えで漢字に変換すると変な文字になったり、同じようなキータッチのミスを繰り返してしまう。他にも、ポケットから物を取り出すときに落としたり、ろれつが回らない、考えていることと違うことを口走っている、人の話の最初と最後は覚えているのに中盤を覚えていないなどです。このようなサインが見られたら、脳は、先ほどのマイクロサッケードよりもさらに一段階眠りに近づいています。

マイクロスリープも、事故防止に役立ちます。作業の継続時間だけでなく、その日のコンディションを知ることにも使えます。作業開始から早い時間にマイクロスリープが見られたら、「寝不足かも」「疲れているのかも」と気づいてください。その時点で、その晩の夜の睡眠を充実させれば、まだトラブルが起こる前なのですぐに回復します。そうなる前に、脳の働きをモニターして、速やかに回復できる行動を選択することは、未来のための行動選択であり、時間の流れをうまく利用していると言えます。

●疲労しない行動習慣をつくる

脳が疲労していくプロセスを血中ホルモンの変化からもみてみましょう。

作業中に疲労するときの、ホルモンの変化を調べた研究があります。この研究では、実験参加者に、速く正確に計算課題に取り組んでもらい、血中のホルモンの濃度を調べていきます。作業の開始直後には、アドレナリンの濃度が上昇していました。

アドレナリンは、興奮性の物質で、これにより心拍や呼吸が速くなります。参加者が気合を入れて気分が高揚しているのがうかがえます。作業時間が経過すると、アドレナリンに加えて、ノルアドレナリンの濃度が上昇していました。ノルアドレナリンは、興奮状態を維持しますが、同時に不安や焦燥感をもたらします。作業に対する疲労を感じているのがうかがえます。

また、ノルアドレナリンが増えると、刺激に対して眼球が反応するまでの時間が長くなる、つまり反応が遅くなることが明らかになっています。これも、脳の疲労の表れだと言えます。

さらに作業が続いたところで、作業には無関係な騒音が流されると、コルチゾールの濃度が上昇しました。コルチゾールは、炎症を抑える働きを持っていて、脳に直接働きかける場合、うつ状態に陥るのを防ぐ役割を持っています。ただし、このとき自覚的には騒音に対してイライラしています。コルチゾールは、濃度が上昇しているときにイライラした感情を引き起こすことが知られています。私たちがイライラしているときは、それ以上負荷がかかるのを防ぐためのサインなのです。

脳の疲労に対して、早い段階で気づいて対処できるほど、疲労は少なく、疲労からの回復は早くなります。普段から課題を5分、15分、90分で区切って疲労を避けたり、「分からない」「早くしないと」など不安や焦りの感情が出てきたらメタ認知で気づき、「このまま続けても疲労するだけで生産性は上がらない」と、一旦席を外して作業を中断しましょう。作業場所の限定、次の作業への連結、「〇〇する」という言語化ができていれば、速やかに再開できるはずです。

●時間内の作業量を測っておく

また、先に時間を区切っておき、その時間内に作業をしてみたら、どのくらい作業できたか、どのくらいの文字が書けたかというように、時間内の作業量を測っておいて基準にする方法もあります。

15分の作業量を測っておけば、2倍で30分、4倍で1時間です。1時間の作業量を知っておけば、1日のスケジュールの配分にかなり使えます。あまり忙しくない1日を使って、時間の目安をつくっておきましょう。

時間の目安ができると、同じ時間でどの程度作業ができたかが把握しやすくなります。すると自然に、短い時間で多くの作業をこなしたいと思うようになります。

例えば、パソコン作業でもマウスを使う人と、ショートカットキーを使う人では、ショートカットキーを使う人の方が24倍作業が早いという結果が得られたそうです。エクセルで九九の表を作成する課題を行った場合、早い人は30秒、遅い人は12分と、その差は

24倍でした。自分の作業時間が把握できていると、それが縮まることへの喜びも生まれるので、時間をコントロールするモチベーションにもなります。

脳をスイッチ!

38:作業中に周囲のものや人が気になったら、眠気のサインだと自覚する。

39:マイクロスリープが現れたら、休憩や睡眠で早めの回復を。

40:不安や焦燥感を感じたら疲労の現れ。一休み入れる。

●タイマー会議は脳内のタイマーも活用する

お悩み相談

毎週行われる会議が2時間半もかかって困っています。10人ほどの参加者全員が会議が長いと感じていたのですが、ある日、参加者の1人が会議の冒頭に「今日は1時間で終わらせよう！」と発言したら、早く終わらせようと全員の意識が向いたのか、会議は1時間半で終わりました。いつもこのように時間短縮したいのですが、いい方法はありますか？

最近は、会議を始めると「残り○分」と表示が出るシステムが会議室に導入されている企業も増えてきました。テレビ会議システムでも、「会議時間残り10分」と表示されることが多いのです。このようなシステムがあると、クロージングを意識しやすくなり、会議が無駄に長引くのを防ぐことができます。

では、残り時間が表示されることは、脳の働きにどんな意味があるのでしょうか。

脳には、行動を最適化する仕組みが2つ備わっています。1つは、「フィードバック誤差修正」です。脳は、常に行動の結果を予測します。実際に行動してみると、あらかじめ予測していた結果とは違う感覚が得られます。この予測と実際の感覚の差を修正するのが、フィードバック誤差修正です。

新商品の企画会議の場面を想像してみてください。用意した情報をすべて話そうとつい熱が入ってしまい、クライアントから話を聞き出す前に会議の終了時間がきてしまったとします。脳の予測では、有意義なディスカッションができてクライアントの信頼が得られるはず……だったのですが、その予測情報に「時間情報」が抜けていたことで、行動のペース配分を誤ってしまいました。

一方的に話をしてしまい、何か言いたそうな相手の表情や相手の反応が鈍い様子がうかがえます。すると、一言で終えられるところを二言三言早口で余分に話した感覚が脳に伝えられ、次に提案するときは一言で止めて相手の反応を見る、という行動に修正されます。このように、失敗したときの感覚がフィードバックされて望ましい行動との誤差が修正されることで、限られた時間を有意義なディスカッションに使うことができるようになります。

この働きを十分に活かすには、脳に届く感覚をあらかじめ選択しておく必要があります。脳は、様々な感覚を受け取りますが、すべてを均等に扱うわけではありません。気にしている感覚を、特に鮮明な情報として受け取る仕組みになっています。

時間配分を間違えてしまう場合、時間情報を受け取る準備ができていないことが原因です。行動するときに「その行動にかかった時間」を気にしていないと、何度繰り返しても時間配分を誤ってしまいます。残り時間が表示されたり、自分の作業時間を計ることや一般的な指標と比べることは、「時間情報」を受け取る準備になります。この働きによって、私たちは経験を積むことでその場にうまく適応できるようになっていくのです。

もう1つの働きは、「フィードフォワード」です。これは、第1章でお話しした小脳の働きによります。時間にリミットを設けて会議を何度かこなすと、自分がどのくらい話せば何分くらい経過するのかが、感覚的に分かるようになります。小脳による予測機能が働いているからです。いちいち誤差を修正するまでもなく、大まかな予測が詳細な予測に変わってくると、タイマーに頼らなくても時間内でピッタリ会議を終えることができるようになっていきます。

●「〇分でやる」と言語化する

タイマーは時間情報を補填してくれますが、そもそも私たちの脳には、時間を把握する機能が備わっているので、これをフル活用しましょう。

やることは簡単です。何かの作業をするときに「〇分でやる」と言語化するだけです。小脳によるフィードフォワードが機能するには、予測と実際にどのくらい差があったのか、その差を埋めるために行動を修正したら結果はどうなったのか、という事前学習が必要です。

この学習期間を極力短縮するために、予測に明確な数字を入れます。「10分でやる」と予測されれば、作業時間の目安が明らかになるので、それだけ誤差が明確になります。誤差が明確になれば、早い段階で小脳が学習するので、フィードフォワードが早めに機能します。

普段のメール返信や資料作成のような些細な作業でも、「〇分でやる」と宣言してみて、うまくいったら「やった! 宣言通り!」とその都度予測と結果を言語化していると、毎日の仕事で自然に時間管理能力を高めることができます。

もし、時間内でできなかったとしても、時間の指標は変えないようにしてみましょう。10分で200文字のコメントを書くと宣言しつつも、10分で終えられず20分かかってしまい、次は200文字のコメントは20分で書くなどと時間の単位をずらしてしまうと、時間を逆算して作業の配分を変えることができなくなってしまいます。作業時間を宣言するのは、脳に明確なゴールを示し、そこから逆算してどの作業を省くか、どの作業に時間を使うかを計算させることが狙いです。最初に10分くらいで終えられそうと思って10分を単位にしたら、10分で100文字と作業量を時間に合わせるようにすると、脳が作業配分を修正して10分で200文字というもとの宣言も達成できるようになります。

脳をスイッチ！

41：会議中は目標時間や残り時間を明確に決める。
42：作業時に「〇分でやる」と言語化する。

仕事もプライベートも充実させる

お悩み相談

友人との約束にはいつも5〜10分くらい遅刻してしまいます。もともと時間を守るのは苦手ですが、大事な用事や仕事の場合は守ることができます。なので友人には、大事な仕事の時間は守れるのに、友達との時間が守れないのは「友達との約束だから、まぁいっか」と思ってるからじゃないかと言われてしまいました。「絶対に間に合わなければいけない」と思えば、家を出る時間をしっかりチェックしたり、間に合わなそうであれば走ったりするのですが、友人との約束にはなかなか危機感が持てなくて困っています。

●ホメオスタシスで脳内時間がゆがむ

仕事中であれば時間が守れるのに、プライベートな用事では時間が守れずに、友人やパートナーを怒らせてしまうという相談がよくあります。これは、生物の基本原理である「ホメオスタシス」が関係していると考えられます。

ホメオ（均一な）スタシス（状態）とは、生物が環境に適応するために、自分の内部の状態を変化させながら一定の状態を維持する機能です。暑いところに行けば体温が上昇しますが、体温を一定に保つために、汗をかいて放熱をして上昇した体温を下げます。寒くなれば体温は低下するので、鳥肌を立てて蓄熱をして体温の下降を防ぎます。

このように、体が一定の状態を保つように働くのは、生物としての原理であり、仕事中に緊張していた分、その反動で休日になるとダラダラするという日常で見られる私たちの無意識な行動の要因になっています。

ホメオスタシスは常に現状を維持する仕組みですが、その現状が時間の経過によって変化していくのが生体リズムです。脳と体の働きが生体リズムで変化するときに、周りの人や気温や作業などの外部環境との調整をホメオスタシスが担っています。

この相談では、もともと時間管理が苦手だけれども、仕事中なら間に合わせられるということです。仕事中は、あいまいな予測で実際の行動にトラブルが起こり、そのトラブルに対応するために脳内時間は低速化し、あっという間に時間が過ぎていくのだと考えられます。やっと休みになったときに、脳内時間に対してホメオスタシスが働くと、脳内時間はトラブル対応で低速化していた反動で高速化します。時計時間が極端にゆっくり流れているように感じ、仕事中と休日が同じ時間とは思えないと感じるのです。

休日のゆっくりした時間の流れでは、「まだたっぷり時間がある」と感じるので、ゆっくり過ごす。これが、プライベートでは時間に遅れてしまう理由です。

ホメオスタシスによる反動は、無意識で起こるので防ぐことはできませんが、アップダウンの変化が激しいと、この相談のような不具合が生じます。ここからは、ホメオスタシスによる反動を減らすために、脳内時間がゆがむ条件を整理して使いこなせるように考えてみましょう。

● 充実した時間を過ごす2つの条件とは

仕事中の時間があっという間に過ぎていくというのは、トラブルに対応しているときでも、充実しているときでも起こります。脳内時間が低速化するには、2つの要素が必要だと考えられています。

それは、「具体的な目標設定」と、「リアルタイムフィードバック」です。

これを明らかにした実験は、次のような設定で行われています。実験者と実験を受ける人のみの部屋で、部屋の中央にあるパソコンで被検者は作業をします。外部からの刺激がないようにカーテンは閉められています。時計などの身に着けている物や荷物は部屋の入口で預かり、時間を計る道具は室内にありません。

被検者は、作業の趣旨の説明を受けて質問紙①に記入します。作業内容の説明を受けて練習を2分間行い、1回目の作業を6分行って、質問紙②に記入します。そして自由時間を6分間過ごします。自由時間では、作業の練習をしてもよいし、雑誌などを見て休んでいてもよい設定です。次に質問紙③に記入して、2回目の作業を6分行います。その後、質問紙④に記入して終了です。

質問紙①〜④では、それぞれの作業や休憩時間を何分間と感じたかが問われて、②〜④は、さらにそのときの時間を「非常に速く感じた」から「非常に遅く感じた」までの7段階で回答することを求められます。これにより、作業をしているときの時間感覚と自由に過ごしているときの時間感覚を、それぞれ1回目の作業時と2回目の作業時とで比べられ

実験内容

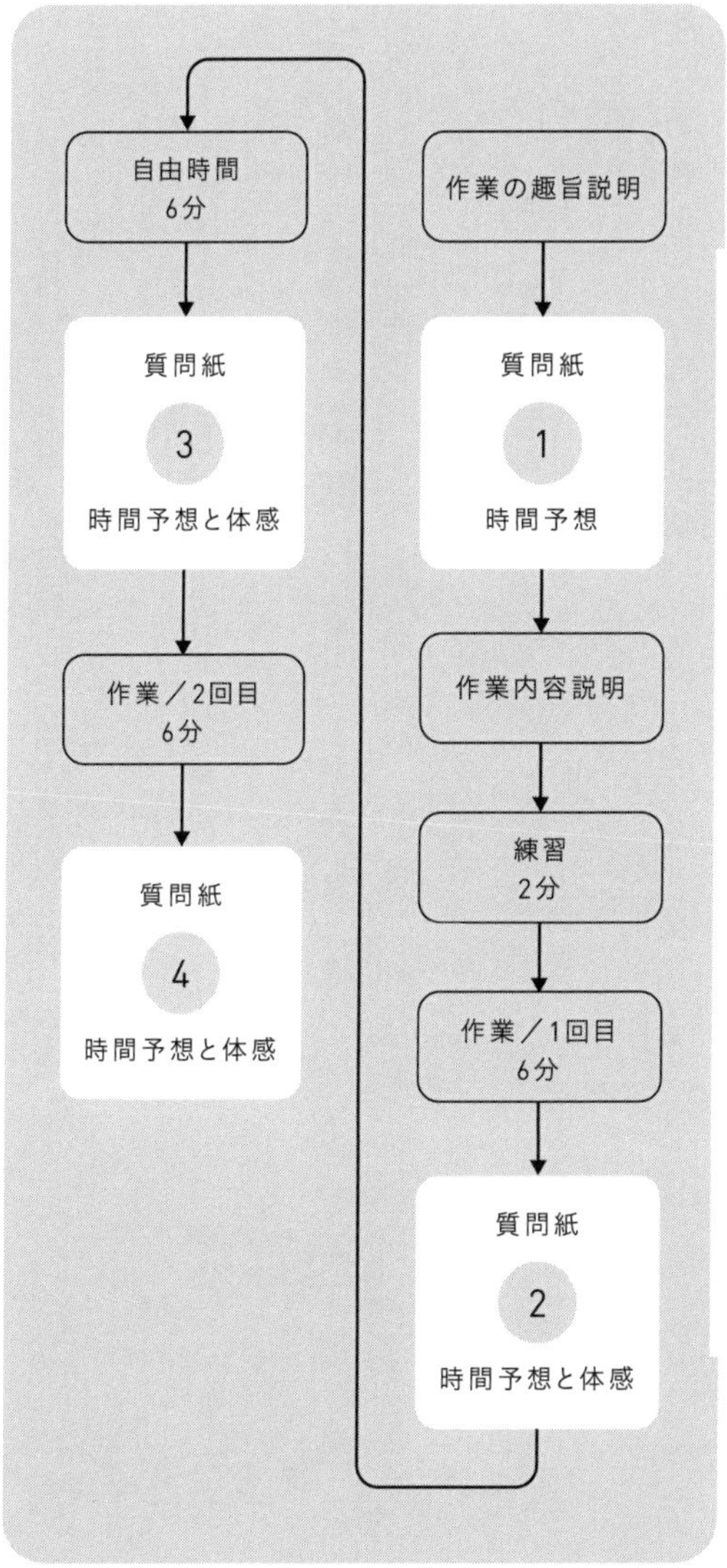
作業の趣旨説明
質問紙
1
時間予想
作業内容説明
練習
2分
作業／1回目
6分
質問紙
2
時間予想と体感
自由時間
6分
質問紙
3
時間予想と体感
作業／2回目
6分
質問紙
4
時間予想と体感

正確性
注意力
feedback
目標を立てて
フィードバックを
もらうと、
正確性と
注意力が
UP!

ます。

この実験への参加者は、次のような条件で分けられています。作業目標の有無の2条件。作業の出来具合についてのフィードバックが、「なし」、「リアルタイムでフィードバックされる」、「作業後にフィードバックされる」という3条件。作業の反復が1回のみと2回の条件でというものです。

質問紙の結果の分析では、まず1回目の作業よりも2回目の作業の方が、時間を短く感じられていました。そして、目標設定があり、なおかつリアルタイムフィードバックがあったグループのみが、他のグループよりも有意に時間を短く感じていて、このグループは、作業中の時間は作業をしていない時間より、2分の1も短く感じていました。

作業の目標が明確になると、課題への集中力が高まり、作業のテンポが速くなります。そして、リアルタイムで作業の出来具合がフィードバックされると、作業の正確性が高まり、それが作業への注意力を高めるように作用します。これらによって、作業時間が短く感じられると考えられます。

私たちがトラブルに見舞われて対応しているときは、「トラブル対処」という目標と、クライアントや上司のリアルタイムなフィードバックが明確なので、この2つの条件がそろっています。しかし、能動的にこの条件をつくっているわけではなく、負の目標と負のフィードバックなので、振り回されている感覚が強くなります。

意図しない脳内時間のゆがみが起こると、それに対応するための脳と体のプラン修正に大きな負担がかかり、その分、ホメオスタシスによる反動も大きくなります。それに対し、能動的にこの2条件をつくった場合は、同じく脳内時間は低速化しても、予測が立っている分、脳にかかる負担は減ります。仕事とプライベートのギャップはありますが、仕事中に目標とリアルタイムフィードバックを能動的につくることで、ホメオスタシスによる反動を少なくしましょう。

日常的な行動に、目標設定とリアルタイムフィードバックという2つの条件を加えると、その行動中はあっという間に時間が過ぎて、終了後に充実感を得ることができます。例えば、毎日絶え間なく行う家事に対して、独自の本棚の片付け方法を編み出そうという目標を設定して、片付けた手順の画像をSNSにアップしてフィードバックを受ければ、時間はあっという間に感じるでしょう。

仕事でも、今の作業は将来起業するためのノウハウを学んでいると位置づけたり、パソコンのショートカットキーの活用で作業時間を短縮することを実験しながら最適な方法を編み出して職場やSNSで広めたり、企画書などを締切ギリギリまで自分で抱えずに、先ほどお話ししたように、7割程度で相手に送ってフィードバックを受けると、脳内時間が低速化して時間があっという間に感じられ、充実感が得られます。

脳の力を活かすには、場面設定が命です。メタ認知を使い、自分の脳に最適な場面を設定すれば、脳はのびのびと能力を発揮することができます。

脳をスイッチ！

43：能動的に目標とリアルタイムフィードバックを受けられる設定をつくる。

脳をしっかり目覚めさせる

●カフェインによる覚醒は気分だけ？

仕事中に眠気覚ましや集中力を高めるために、カフェインを含むコーヒーやエナジードリンクを飲むという人も多いと思います。

カフェインは気軽に摂取できますが、それだけに頼り過ぎてしまうこともあります。外部から摂取する物質は、どんなものでも取り過ぎれば弊害があるので、ここでカフェインの作用について、詳しく知っておきましょう。

カフェインは、脳の時間知覚にも作用します。カフェインのように脳を覚醒させる物質を摂取すると、脳内時間が高速化し、時計時間が長く感じられることが明らかになっています。ですから、もしあなたが退屈な会議で眠らないようにカフェインを飲んだ場合、ただでさえ、会議の退屈さで時間が長く感じられているところに、カフェインの作用でさらに会議が延々と続くように感じられるということです。これはうれしい効果とは言えませんね。

また、カフェインは、私たちが刺激に対して反応する反応時間にも影響することが明らかになっています。

成人を対象にしたカフェインと反応時間の実験では、1つのグループにはカフェインを摂取させ、もう1つのグループにはカフェインだと言ってノンカフェインのものであるプラセボを摂取させています。実験参加者に、簡単な刺激に反応する課題と複数の刺激を切り替えながら行う複雑な課題、両方が含まれた課題を行わせたところ、カフェインを摂取したグループは、そうでないグループより反応時間が明らかに短くなっていました。カフェインの覚醒作用によって、反応が速くなると考えられます。

スポーツ選手を対象にした実験では、カフェインを摂取する前と摂取から40分後に、運動パフォーマンスと判断能力が要求される知的パフォーマンスを測る種目に取り組んでもらっています。さらに、テスト前後に「覚醒感」「高揚感」「集中感」を評価する質問紙に答えてもらっています。

その結果は、質問紙への回答では3項目すべてが向上していましたが、運動・知的パフォーマンスはともに、カフェイン摂取前と成績が変わりませんでした。この結果から主観的な高揚感があっても、必ずしも結果が伴っているわけではなく、カフェインによりまやかしの効果を感じていると言えます。

●カフェインは脳にどのように働くか

脳に対するカフェインの作用を詳しく見てみましょう。私たちは生きているだけで大量のエネルギーを消費しています。そのエネルギー源は、アデノシン三リン酸です。アデノシン三リン酸は、エネルギー源として代謝されていきますが、その最終代謝物であるアデノシンは睡眠物質として働きます。アデノシンは脳全体に拡散して、脳を目覚めさせているヒスタミンを抑制したり、睡眠中枢を活性化させます。これが、私たちが活動して疲れて眠る一連の流れです。

そして、このアデノシンが作用するために介する受容体に対して強力な拮抗作用を持つのがカフェインです。つまり、カフェインは、眠る機構をブロックすることで脳を覚醒させています。

カフェインの覚醒作用は、脳の中の側坐核《そくざかく》の殻部が活性化されることで起こります。この部位は、何か自発的に行動することに関係しています。つまり、カフェインの覚醒作用は何か作業をしているときであれば自覚できますが、報告を聞いているだけのような退屈な会議を眠らずに堪えることには効果が期待できません。

実験結果と脳の仕組みをまとめてみると、カフェインは、ただ起きていることには役立たず、かえって時間を長引かせる感覚を生み出します。そして何らかの作業前に飲むことで、覚醒感は高まり、反応速度は上がるものの、実際のパフォーマンスには影響しません。

このように改めて見てみると、カフェインで脳を覚醒させるという行為は、最良の選択とは言えないでしょう。

●脳を本当に目覚めさせる計画仮眠

一方で、自発的な作業でも受け身な会議でも、主観的な効果も客観的な効果も得られる方法が計画仮眠です。

計画仮眠をうまく行うには、次の4つのポイントがあります。

①眠くなる前に目を閉じる

会議中に、眠気を我慢した挙げ句にうとうととしてしまい、「ハッ」と目覚めた後も、またうとうととするのを繰り返してしまうことがあります。これは「睡眠慣性」という現象です。

睡眠の脳波が一旦出てしまうと、急に覚醒しても脳波が切り替わらず、慣性の法則のように急に睡眠を止められずに眠気が続いてしまうのです。

眠気を管理するには、眠くない時間帯から目を閉じる必要があり、その目安が起床6時間後です。6時起床の場合は、12時に当たり、一般的には昼休みのタイミングが狙い目です。

②時間の目安は1分～30分

計画仮眠という名前がついていますが、実際に眠る必要はありません。目を閉じれば、脳ではアルファ波が増えるので、目を閉じるだけで意味があります。そして、目を閉じる時間の長さによって仮眠の意味が変わります。

・1〜5分：スッキリした感じはつくることができますが、脳内の睡眠物質を分解するには至りません。まとまった仮眠時間がとれないときや、職場内で仮眠することが難しい場合は、1分程度の隙に目を閉じて脳をスッキリさせるのに役立ちます。

・6〜15分：脳内の睡眠物質が分解され、仮眠後の作業効率が高まることが明らかになっています。この時間の長さが、仮眠の最適時間ということになります。時間が確保できるならば、10分や15分の仮眠をとってみましょう。10代や20代の若い人や普段から睡眠不足が続いている人が仮眠をすると、早い時間で深い睡眠に入るので、そのような人は15分以内を目安にするとよいでしょう。年齢を重ねるほど、目を閉じてから脳波が変化するのに時間がかかるので、40歳代以降で睡眠不足ではない方は、30分以内を目安にしましょう。

・31分以上：夜間睡眠の脳波が出現し、メインの睡眠の質が低下してしまいます。休日など時間がたっぷりあるときでも、夜間睡眠の質を担保するために、仮眠は30分以内におさめることが大切です。

③座ったまま目を閉じる

脳が地面に対して縦になっていると、眠っていても深い睡眠の脳波は出現しません。昼の仮眠では、夜の睡眠を侵さないように眠気だけを取り去る必要があるので、横にならず、座ったまま寄りかかったり、机に伏せたりするなどして頭を固定して眠ることが重要です。

④「〇分後に起きる」と3回唱える

起きる時間を唱えると、その数秒前に心拍数が上がり、体が起きる準備をします。これを用いることで、仮眠後にスッキリ起きられるようになります。意図せずに眠ってしまうと睡眠慣性が生じるので、1分でも30分でも、必ずゴール設定をして仮眠をとりましょう。

これら4つのポイントを意識して、午後もシャキッと集中できる脳をつくりましょう。

この計画仮眠は練習効果があり、実行している人ほど終えたときのスッキリ感が高く、パフォーマンスも高いことが明らかになっています。
体の外からカフェインを足すより、脳内の睡眠物質を仮眠で分解する方が、気分だけでなくパフォーマンスも向上させることができる確実な方法だと言えます。

脳をスイッチ!

44:1~30分の計画仮眠をとる。

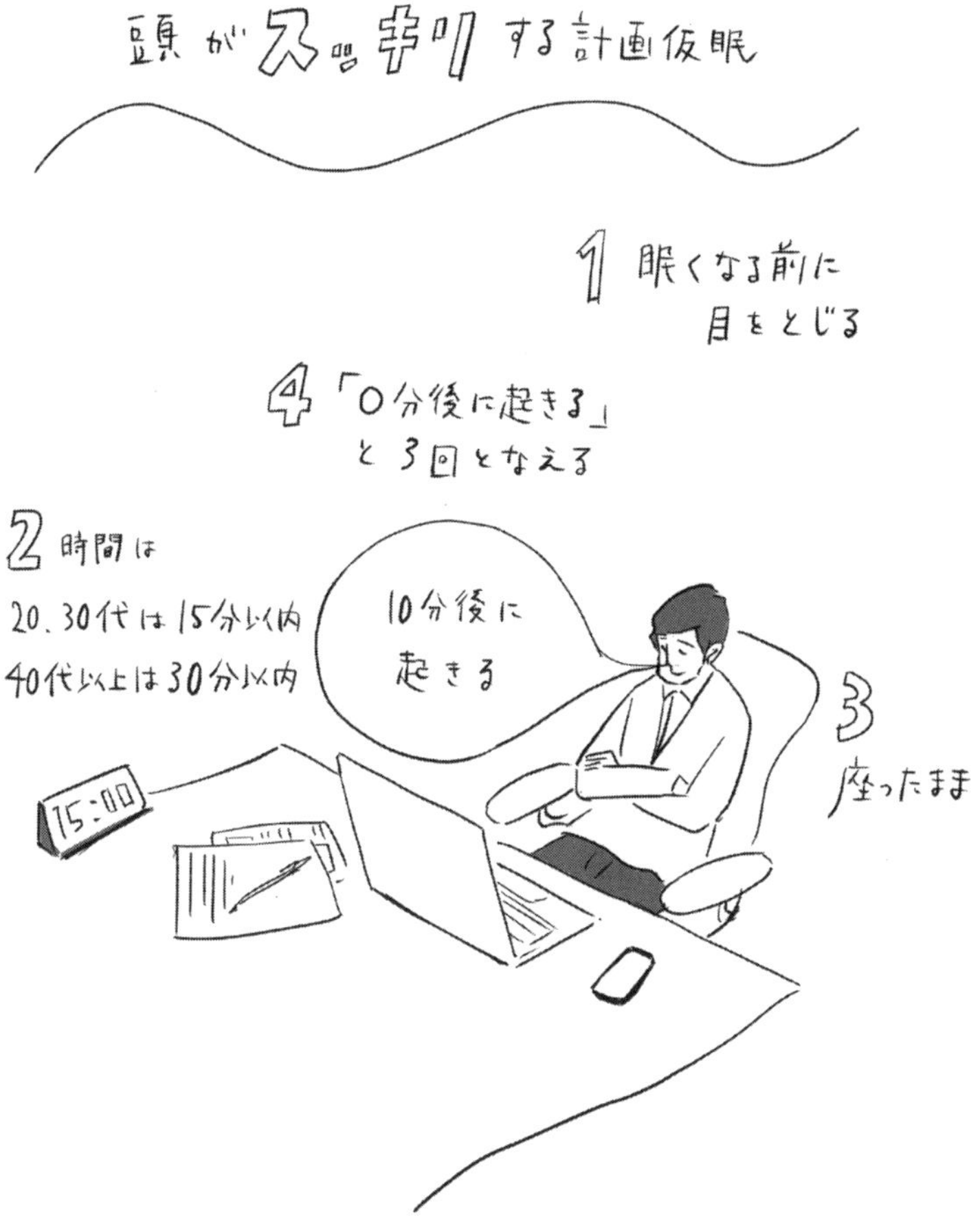
頭がスッキリする計画仮眠
1 眠くなる前に目をとじる
4「〇分後に起きる」と3回となえる
2 時間は
20、30代は15分以内
40代以上は30分以内
10分後に起きる
3 座ったまま
15:00

第4章

時間感覚のズレによるストレスをなくす！

他人のペースに合わせる方法

●時間に厳格な日本社会

あなたは、相手が待ち合わせに遅れたら、何分まで待てますか？　1分でも遅れたらすぐに相手に連絡するという人もいますし、30分でも同じ場所で待っているという人もいます。待ち合わせ以外でも、待ち時間が発生する場面では、人によって行動の違いが出ます。コンビニで並んでいるときに5秒くらいでスマホを取り出す人もいますし、エレベーターに一緒に乗っていると、人が降りた後でドアが閉まり始めるまでの3秒くらいの間、「閉まる」のボタンを連打する人もいます。

待てる時間を決める要素は、4つあると考えられています。

1つ目は、待つことによって得られる報酬です。これは、第1章でお話ししました。待たずに小さな報酬を得るか、待ってでも大きな報酬を得るかという選択が待てる時間を決めます。

2つ目は、相手と自分の力関係です。一般的に相手の方が上の立場の場合は、長い時間でも待てますが、相手の方が下の立場の場合は待てる時間が短くなります。相手を待たずに行動することで、自分の方が立場が上であることを無意識にアピールする場面もあるでしょう。

また、相手との心理的な駆け引きに、待ち時間を使うこともあり得ます。あるいは相手が友人であれば、誘った人の方が立場が弱いので、誘った人が遅れてきた場合は誘われた人はより待ち時間が長かったと感じるでしょう。立場によって、待てる時間が決まりますが、主観的な待っている時間の長さも影響しています。

3つ目は、その人の普段の行動からつくられた習慣です。長い時間を待つことができていた人が、待たずに結果が得られる経験を積んでいくと、長い時間を待てなくなっていきます。

最も分かりやすいのは、スマホなどデバイスでのデジタル作業です。タッチをすれば瞬時に結果が出るので、待ち時間はほとんどありません。もし、今の時点で10年前のパソコンを使ったらどうでしょうか。立ち上がる時間や、入力時に生じるほんの少しのタイムラグにあなたはイラ立つでしょう。待たずに結果を得る経験は、同時に待てる時間を短くしているということです。

4つ目は、社会文化の影響です。世界6か国（日本、アメリカ、台湾、イギリス、イタリア、インドネシア）の生活ペースの調査をした研究があります。銀行の時計の誤差、街を歩く人の歩行速度、郵便局で切手を買うときにかかる時間など、すべての項目で、日本がずば抜けて速い（少ない）という結果でした。歩行速度は、最も速かった日本と最も遅かったインドネシアの差は約1・7倍。郵便局で切手を買う所要時間は約2倍の差がありました。

本書のように、時間が本のテーマになるのも、それだけ私たちが速いスピードで生活し、待つ時間を短くしていることの表れだということでしょう。

さて、待ち合わせとは、他人と行動のタイミングを合わせることです。時間通りに会えることで得る報酬の大きさ、相手との力関係、それまでの習慣の違い、生活してきた社会文化の違いの影響を受けて、私たちは相手とのタイミングのズレを「待って」います。

5分の遅刻を、遅刻にカウントしない人とカウントする人が待ち合わせをすると、そのタイミングのズレが問題になります。では、脳はどのようにしてタイミングをとっているのでしょうか。

● 大脳は秒単位、小脳は秒未満の時間を管理する

タイミングを見計らうことは、「反応のための最も有効な時間条件をつくり出すこと」と定義されています。

一緒に仕事をしている人と、「息が合う」という体験をすると、とても心地よく、作業がどんどんはかどるように感じることがあります。この「息が合う」体験をしているときの脳の状態を調べた研究があります。この研究では、他人とタイミングを合わせて同期運動をしているとき、大脳基底核と小脳の活動が活発になっていました。

大脳《だいのう》基《き》底核《ていかく》と小脳は、お互いに競合関係にあります。大脳基底核は秒単位、小脳は秒未満の時間を管理していて、タイミングを計る課題が秒以上になると、大脳基底核によって小脳の活動が抑制されているのです。

● パーソナルテンポの発見

大脳基底核と小脳が、お互いの役割を分担しながらタイミングを計っているのは、作業

によって体にかかる負担を最小限に抑えることが目的だと考えられます。これも、脳の省エネ戦略です。私たちにはそれぞれ、自分が作業する最適なテンポがあり、これは「パーソナルテンポ」として古くから研究されてきました。

例えば、ハンドルを回転させる課題を様々なテンポで行い、各テンポでの消費エネルギーを測定した実験があります。この実験では、好きなテンポで回転させるパーソナルテンポと、毎分10、20、30、40、50、60回転に強制的に合わせて回した場合が比較されました。ハンドルを回転させているときの呼吸と心拍を測定すると、パーソナルテンポが最小で、それより速くても遅くても、消費エネルギーは大きくなることが明らかになっています。

ただ、個人に最適なテンポがあるのか、それとも強制されずに好きなテンポで課題をこなすことが最適なのかという疑問が残ります。

それに対して、人工的にパーソナルテンポを数種類つくり出し、そのテンポでフィットネスバイクをこぐ課題を行い、心電図をとる実験が行われています。参加者は自分のテンポで自転車をこいでいるつもりですが、ペダルの負荷が強制的に変わり、別のテンポでこがされています。

この実験の結果では、好きなテンポでこいでいるときは、心拍の変動はほとんど見られず、それより速くなっても遅くなっても心拍数が高まっていました。そして、強制的に合わせられている条件でも、好みのテンポと同じテンポの場合は、心拍の変動が少なく生理的に負担が少ない結果でした。自分の好きなテンポで作業をしているときが身体的に最も負担が少なく、それと同じテンポで作業することを強制されたとしても負担は少ない。つまり、個人には最適なパーソナルテンポがあることが明らかになったのです。

●テンポを自分で乱していませんか?

大脳基底核と小脳の働きにより、そのときの身体状況に最適なパーソナルテンポがつくられ続けているおかげで、私たちは、体への負担を減らすことができています。反対に考えると、自分のテンポとは異なるテンポで作業をさせられる条件では、それが速くても遅くても、生理的に負担が大きくストレスを感じているとも言えます。

ここで、普段の仕事の場面を振り返ってみてください。

自分の作業をしているときに、メールを開いたら相手からチェックの依頼が来ていた。相手が添付した資料を開いてみると、文章の誤謬《ごびゅう》や事実とは異なる解釈が見つかり、これはまずいと思って作業を中断して資料のチェックに取り掛かる。こんな場面はありませんか?

「なんだよこの資料! こんなものもろくに作れないのか!」とイラ立つでしょう。こんな場面では、自分のテンポが乱されて心拍数は高まり、生理的に負担がかかっています。イラ立ちの原因は、相手にあると感じるかもしれませんが、よくよく振り返ってみると、自分のテンポを乱したのは、メールを開いた自分の行動です。

ネット上のやり取りが中心の現代の仕事環境では、リアルな場面で相手と同期する行動をとる作業は少なくなっています。他人に気をつかうことなく、自分のテンポで作業ができる環境が整っていることを自覚しましょう。

メールで即レスすることや、すぐに電話に出ることを自分に課していませんか? もしかしたら、無意識のうちに、それが「仕事ができる人」のイメージになっていたり、他人へ「自分は仕事ができる人」だとアピールする行動になっているのかもしれません。

ネット社会での仕事では、個人のテンポを優先することができます。メールに即レスしなくても、相手に監視されているわけではありません。もし、相手に監視されているように感じていたら、直接相手に会わなくて済む自由がかえってあなたを苦しめています。

打ち合わせ中でメールへの返信が遅れたり、電話に出られないことだってあるはずです。実際に打ち合わせをしていなくても、「その時間は外部との連絡を受けない」と時間をブロックして、自由を得ましょう。

● 自分のテンポで行動を組み立てる

私たちが、自分自身の作業テンポを乱す典型的な行動があります。それは、朝イチにメールチェックから仕事を始めることです。

朝、職場に到着したら、まずメールチェックから仕事を始めるという人は結構多いのです。ただ、朝起きてから通勤中に何を考えているかというと、「会社に着いたらあの書類を作っちゃおう。午前の会議の準備もしておかないと」というように、その日の予定をさらいながら、やることの順番を考えたり、やるべきことを思い出して忘れていることがないかをチェックしているはずです。脳がこのように行動の準備を整えたところで、その通りに行動できれば、生理的な負担もエネルギーも最も少なく済みます。

ところが、デスクに座って最初にメールチェックをしてしまうと、それらへの返信や相手から送られてきた添付資料を開いてチェックするという作業が始まってしまい、脳が立てた行動予定が台無しになってしまいます。

そこで試しに、朝イチのメールチェックをやめてみてください。働き方改革の取り組みで、企業で朝イチのメールチェックをやめてもらうことがあります。社員の方々からは、大抵、メールをチェックしないと困るという意見が多いのですが、実際にやってもらうと、「別に困らなかった」という感想がほとんどです。

朝イチにメールをチェックしていたのは、毎回目的があって行動していたわけではなく、大脳の省エネ戦略で行動がパターン化されているだけだったということです。1日の始まりからテンポを崩されると、それを立て直すには、行動を抑制しなければならないため大量のエネルギーが消費されます。毎朝自分の脳を疲れさせてしまっているのです。脳が疲れないためには、脳が描いた「思い通りの行動」を崩さないことが大切です。

脳をスイッチ！

45：メールは自分の作業テンポを崩さないタイミングで開く。

46：朝イチのメールチェックはやめる。

●思い通りの行動をつくる

私たちが体を動かすとき、脳は体に命令をしたあと、その命令の計画書のようなものを保存し、その計画書をもとに実際の運動と命令情報を照合して、その差を見つけます。命令と実際の動きがピッタリ合っているとき、私たちは「思い通りに行動できている」と感じます。脳の立場から見ると、正解の行動ができたということです。

外来で理想的な1日はどんな1日ですか？ と質問すると、「思っていた通りに行動できた日」という回答がとても多いものです。今後、時代の変化によって、よりパーソナルな生活スタイルになっていくはずなので、そんな社会を生きる私たちは、自分のパーソナルテンポを意図的につくっていく、守っていくことが求められています。

●テンポの違う相手と行動するコツ

お悩み相談

毎回遅刻してくる友人との待ち合わせでいつもイライラしてしまいます。以前「5分の遅刻は遅刻にカウントされない」と豪語していたくらいなので、5分の遅刻では特に謝りもしないし、悪びれもしません。ひどいときは集合時間になってこちらから連絡したら、「ごめん、30分遅れる」と言われました。人として相手のことを思いやる共感力や想像力が欠けているのではないかと思います。

この待ち合わせの問題のように、テンポの異なる相手と共同作業をするときに生じるタイミングのズレにも解決策を持っておきましょう。

タイミングのズレは、球技などで行われるフェイントのようなものです。練習で自動化された動作のタイミングを意図的にずらされると、フェイントでずらした方は相手が引っかかったことに快感を得ますし、ずらされた方が屈辱を得ます。待ち合わせの相手が遅刻したというのは、フェイントに引っかかったようなものなので、屈辱を感じるのです。

タイミングの研究では、行動の終了時に注目する視点があります。行動の途中で生じたタイミングのズレに対して、脳は計画書との差を検出して修正するという作業を繰り返しています。その1つ1つのタイミングに焦点を当てず、行動が終了したときにタイミングが合って、余裕を感じることができるように、視点を長く持って行動全体の終点に合わせることに焦点を当てる方法です。

例えば、海外旅行に行ったとして、待ち合わせに遅れたり、飛行機が飛ばなかったり、ホテルの予約がとれていなかったりと、タイミングをずらされっぱなしだったとしても、成田空港に降り立ったときに気持ちに余裕を持てていたら、「いろいろあったけど楽しかった」と感じるものです。こんな経験はありませんか？

旅行は行動の終点が明確で、ゴールに焦点を当てるのが分かりやすい事例です。同様に日常のイベントでも、行動の終わりに焦点を当てれば、それまでの過程で生じるタイミングのズレを乗り越える波のようにとらえることができ、課題への臨み方が変わります。

●タイミングがはずされることを前提にする

行動の終点に注目した実験があります。画面の前に座り、机の上のスタート位置に手を置きます。画面に現れる標的にタッチしたらすぐにスタート位置に手を戻す。これをできるだけ素早く行います。スタート位置に手を置いて標的が現れたときに手を離すまでの反応時間と、スタート位置から標的にタッチするまでの運動時間を測定するという設定です。

実験が始まると、実験参加者は、最初の段階では、速く反応することよりも正確に標的にタッチすることを優先します。これは、「素早く正確に」という全体の課題から、「正確に」という部分のデータを集めていると言えます。

実験が進むと、タッチの正確性が向上するに従って、反応速度も速くなっていきます。実験の最後の方では、課題全体を見渡しつつ、どのくらいのスピードで作業をすればよいかという部分の調整をするようになります。

実験の途中で、標的が表示されるタイミングがはずされるたび、参加者は新しい学習をしていきます。一旦反応が遅くなり正確性が優先され、再び反応が速くなっていきます。この、はずされたタイミングを学習で克服するのが、小脳による予測機能です。

小脳の予測機能は、タイミングをはずされたところで発動されますが、あらかじめタイミングがはずされることを前提にしていると、最初の行動から小脳の機能が発動できるので、それだけタイミングのズレによる負担は少なく済ませることができます。

この実験の結果を、イベントの待ち合わせに当てはめてみましょう。

イベント全体に対して、最初は部分の情報を収集するため、待ち合わせに遅刻することや、交通機関を事前に調べていないことなどに注意が向けられています。実験中に標的のタイミングが変わるのは、相手のフェイントに順応したり、交通機関のトラブルに対応していることに該当します。その都度、反応速度より正確性を優先させて修正し、また反応を速めてテンポを戻していきます。

イベントが後半に差し掛かると、帰宅することを見据えて、相手の行動がコロコロ変わることも想定しながら、行動の変化にどの程度応じるかを調整します。全体から部分を調整することができると、帰宅したときに余裕が生じていて「いろいろあったけど楽しかった」と終えることができます。

テンポの違う相手と行動するときには、余裕を持って行動を終えることに焦点を当ててみましょう。相手のタイミングに振り回される感覚から、はずされるタイミングをうまく乗りこなす感覚に変わるはずです。

脳をスイッチ！

47・テンポの合わない人と過ごすときは、「余裕を持って終えること」を目標にする。